Susanne Zerle
Karl Zerle

100 kurze Übungen zum Stressabbau in Klasse 5–7

Unruhe und Prüfungsangst mildern – Konzentration stärken

AOL verlag

Bitte beachten Sie:
Aufgrund der besseren Lesbarkeit werden in diesem Buch zumeist die männlichen Formen verwendet. Wenn zum Beispiel von „Schüler" die Rede ist, ist selbstverständlich auch immer die Schülerin mit gemeint.

Impressum

100 kurze Übungen zum Stressabbau in Klasse 5–7

Susanne Zerle war viele Jahre lang Grundschullehrerin, hat aber teilweise auch an der Mittelschule unterrichtet.

Karl Zerle unterrichtete 30 Jahre lang an einer Knabenrealschule mit Internat in Bayern. Im Unruhestand begleitet er seit 2010 als psychologische Fachkraft einzelne Schüler im Rahmen der Inklusion. Dabei darf er eine Vielzahl von Kolleginnen und Kollegen bei der Arbeit beobachten. Für die Akademie des BLLV hält er als Referent vor Ort bayernweit Vorträge und Workshops darüber, wie Unterrichten durch natürliche Autorität leichter wird. Daneben betreut er als Leistungs- und Mental-Trainer Sportler im Schießsport.

1. Auflage 2017

Veritaskai 3 · 21079 Hamburg
Fon (040) 32 50 83-060 · Fax (040) 32 50 83-050
info@aol-verlag.de · www.aol-verlag.de

Redaktion: Kathrin Roth
Layout/Satz: Satzpunkt Ursula Ewert GmbH, Bayreuth
Coverfoto: © Clemens Schüßler – Fotolia.com
Illustrationen: © Karl Zerle

ISBN: 978-3-403-10447-6

Inhaltsverzeichnis

Vorgeschichte 5

Gebrauchsanweisung 7

Lernbereitschaft fördern: allgemein 9

Lernbereitschaft fördern: fachspezifisch 24

Lernbereitschaft fördern: Deutsch 25

Lernbereitschaft fördern: Mathematik 30

Lernbereitschaft fördern: Englisch 35

Lernbereitschaft fördern: Französisch 40

Konzentration abrufen 45

Blockaden abbauen 60

Stress abbauen am Platz 74

Lockerung bei Doppelstunden 88

Subjektive Überforderung – Entspannung 101

Freies Sprechen vor der Klasse 113

Lesenswerte Bücher zu den Einzelthemen und für den Hintergrund . . . 119

Vorgeschichte

Stressfreier Unterricht? Geht das denn? Oder werden hier am Schreibtisch erdachte Ideen als tolle Lösung in den Raum gestellt?

Also: Ganz stressfrei geht es nach meiner Meinung nicht immer, es ist aber weitgehend möglich. Man braucht dazu: Konzentrierte und aufnahmefähige Schüler, die die meisten Erklärungen auf Anhieb verstehen und Anweisungen sicher umsetzen. Bei Blockaden im Rahmen von Leistungsnachweisen sollten sie selbstständig Möglichkeiten finden, diese abzubauen.

Das ist ein hohes Ziel, aber weitgehend erreichbar. Den Weg dazu habe ich als Realschullehrer durch eine hochmotivierte und leistungsfähige Abschlussklasse gefunden. Die Schüler hatten sich (und mir) das Ziel gesetzt, den besten Abschluss im Fach Englisch zu machen, der je an dieser Schule geschafft wurde.

Zu dieser Zeit habe ich mich intensiv mit mentalem Training für Leistungsschützen beschäftigt, also Methoden erarbeitet, um hohe Konzentration auf den Punkt abzurufen und Spannungsblockaden abzubauen. Dann kam der Gedanke: Warum nicht auch mit Schülern in dieser Art auf den Abschluss hin trainieren?

Wir trafen uns mehrmals außerhalb des regulären Unterrichts und übten einige wenige Methoden ein. Die Klasse erreichte ihr Ziel, und auf beiden Seiten des Pults herrschten Stolz und Zufriedenheit.

Als psychologische Fachkraft in der Einzelbetreuung von problematischen Schülern konnte ich einer Vielzahl von Kollegen zuschauen. Es war schon etwas überraschend für mich, dass vor allem an Grundschulen dieses Werkzeug ein selbstverständliches Instrument für viele Lehrer ist. Meine Frau (eine erfahrene Grundschullehrerin mit teilweisem Mittelschuleinsatz) konnte nur den Kopf über mein Erstaunen schütteln. Das sei doch ganz logisch und allgemein üblich! Da war es an mir, verwundert den Kopf zu schütteln. An Realschule und Gymnasium hatte ich das noch nicht gesehen. Also war es selbstverständlich, dass meine Frau Susanne das Buch mit mir gemeinsam erarbeitet hat. Daher kommt es auch, dass im Text immer wieder zwischen „wir“ und „ich“ gewechselt wird. Haben Sie Nachsicht.

Bei der Beobachtung meiner Kollegen fiel mir auf, dass sie ganz selbstverständlich Übungen aus den verschiedensten Bereichen verwenden: Life Kinetik, Brain-Gym, Qi Gong, Tai-Chi, indische Selbstmassage, Kinesiologie …

Klingt das nach Esoterik? Für manche Menschen vielleicht. Eltern haben manchmal überhaupt kein Verständnis dafür, wenn ihre Kinder nicht stoffgebunden lernen, sondern irgendwelchen „Gymnastik-Quatsch“ machen.

Also: Mit Esoterik haben diese Übungen absolut nichts zu tun! Zumindest nicht mit den geistigen Grundlagen, die hier dazugehören. Wenn Sie heute an der Volkshochschule einen Kurs in einer der angegebenen Richtungen belegen, so werden Sie fast mit Sicherheit viel über den Hintergrund, sozusagen die Basis-Philosophie, hören.

Die Wirksamkeit der einzelnen Übungen ist bei den meisten nicht (!) wissenschaftlich überprüfbar untersucht. Sie basieren aber auf Versuchen, wie z. B. die aus einer Studie der Universität Regensburg im Jahr 2004 über das Jonglieren.[1] Die Anwendung im Klassenzimmer und die notwendige Modifizierung sind frei daraus abgeleitet.

Es handelt sich meist um Übungen, die aus der Praxis für die Praxis stammen. Sie sind größtenteils an Schulen beobachtet worden, viele davon habe ich in eigenen und fremden Klassen erprobt und die Schüler dazu befragt.

Diese Schüler waren sich in ihrer Beurteilung weitgehend einig: macht Spaß, ist aber manchmal anstrengend. Vom geistigen Hintergrund, von der möglichen Philosophie, erfuhren sie nichts. Sie hatten einfach ihren Spaß an der Bewegung.

Es ist nach meiner Beobachtung sowieso eher die Ausnahme, dass eine Lehrkraft sich intensiv mit dem Hintergrund beschäftigt. In der Regel schaut man sich die Übungen gegenseitig ab und hinterfragt auch als Lehrkraft den Hintergrund nicht. Was sich bewährt, wird ausprobiert.

[1] Vgl. Draganski, Bogdan, Gaser, Christian, Busch, Volker, Schuierer, Gerhard, Bogdahn, Ulrich, May, Arne: Neuroplasticity: Changes in grey matter induced by training. In: Nature 427, Number 6972 (2004) S. 311–312.

Gebrauchsanweisung

Im Folgenden finden Sie eine Sammlung von Übungen zu allen möglichen Teilbereichen. Sie stammen aus den unterschiedlichsten Fachgebieten und sind an die gegebene Altersklasse angepasst. Genaueres erfahren Sie am Anfang des jeweiligen Kapitels.

In keinem dieser Bereiche können und wollen wir Sie zum Fachmann bzw. zur Fachfrau machen. Dieses Buch ist dafür gedacht, dass Sie ohne größere Vorbereitungen jederzeit auf einen Blick eine passende Übung für Ihre Schüler finden. Und dafür sollen Sie nicht erst langwierig im Internet recherchieren und Ihre Suchtreffer auswerten müssen.

Vor jedem Kapitel äußern wir uns etwas genauer zu den Schwerpunkten der Übungen und dazu, was dabei besonders zu beachten ist. Für die Übungen selbst ist dieses Wissen nicht unbedingt wichtig, aber es hilft natürlich, wenn man vorher weiß, wie und warum die jeweilige Übung wirkt. Wenn Sie selbst auf dieser Grundlage die gegebenen Beispiele weiterentwickeln und an Ihren momentanen Unterrichtsstand anpassen, so ist das ideal.

Dies gilt besonders bei den „Hirn-Erweckungen", wie wir sie gern nennen. Dabei wird für ein bestimmtes Fach die Denkweise der Schüler auf dieses abgestimmt. Der Einstieg in den Unterricht fällt damit einfach leichter.

Alle Übungen sind so angelegt, dass Sie sie innerhalb von etwa fünf Minuten durchführen können. Es mag sein, dass das am Anfang nicht ganz so leicht gelingt, weil vor allem die Schüler an weiterführenden Schulen es nicht gewöhnt sind, dass am Anfang einer Stunde etwas scheinbar Unterrichtsfremdes gemacht wird.

Sie können zwischen Übungen wählen, die am Anfang einer Stunde oder mittendrin durchgeführt werden. Dies hängt jeweils mit dem Problem zusammen, das Sie lösen wollen.

Fünf Minuten mit einer mentalen Übung und als Ergebnis ein weitgehend störungsfreier Unterricht: Das läuft wohl letztendlich auf eine deutliche Zeitersparnis hinaus. Von der Schonung der Nerven wollen wir gar nicht reden. Genießen Sie das!

Noch ein wichtiger Hinweis: Als einzelnes Highlight in einer bestimmten Situation eingesetzt, können die Übungen keine Wirkung zeigen. Ihr Effekt hängt davon ab, dass sie regelmäßig durchgeführt werden. Machen Sie das in Variationen an jedem Schultag oder zum Beispiel am Anfang jeder Mathematikstunde, und zwar wieder und wieder. Im Leistungssport nennt man das „Automatisieren". Damit sind die Effekte auch unter Stress abrufbar und werden zum Ritual. Kinder und Jugendliche (wohl auch Erwachsene) brauchen Rituale, um sicher zu werden.

Als ich selbst noch Schüler war, sagte einmal eine Lehrkraft ziemlich wörtlich: „Das ist mir egal, ob wir am Anfang der Stunde ein Morgengebet sprechen oder ob Sie den rechten Zeigefinger ins linke Ohr stecken. Aber wir brauchen ein gemeinsames Zeichen für den Unterrichtsbeginn."

Dieses Zeichen kann eine solche kleine Übung sein. An meiner Realschule hatte ich jahrelang das Eröffnungsritual, dass jeder Schüler ein aufgeschlagenes Heft zur Vokabelabfrage und ein Schreibgerät bereit hatte, wenn ich das Zimmer betrat. Jede Stunde begann mit der Abfrage von zehn Vokabeln oder Sätzen zu Vokabeln. Die Wirkung war nachhaltig. Das System wird inzwischen z. B. von einem Französischlehrer dieser Schule mit großem Erfolg fortgeführt.

Zur Vorbereitung von Referaten (dem freien Sprechen vor der Klasse) oder zum Abbau von Blockaden zeigen wir wirksame Übungen, die Sie von Zeit zu Zeit mit den Schülern durchführen sollten. Also nicht ein einmaliges „Aha – so geht das!", sondern ein Automatisieren durch Wiederholung. Bitte: wirklich oft!

Dabei ist es nicht erforderlich, sondern eher kontraproduktiv, wenn Sie dieses Buch in der abgedruckten Reihenfolge durcharbeiten. Wählen Sie die Übungen aus, die Ihnen helfen, Ihr Ziel zu erreichen, und arbeiten Sie mit ihnen. Wir wünschen dazu viel Erfolg.

Lernbereitschaft fördern: allgemein

Von 0 auf 100 in fünf Minuten? Lahme Mühle? Zugegeben, für ein Auto wäre das eine erstaunlich schlechte Leistung.

Aber wie sieht das bei einer Klasse aus? Wohlgemerkt: Sie wollen nicht einen oder zwei Schüler hirntechnisch aktivieren, sondern nach Möglichkeit alle Kinder erreichen. Wenn das innerhalb von vier bis fünf Minuten klappt, läuft die Stunde.

An der Universität Regensburg arbeitet man seit über 15 Jahren an Zusammenhängen zwischen Gehirntätigkeit und Bewegung. Am stärksten wirkt Jonglieren, durch das sogar bei Erwachsenen neue Gehirnzellen entstehen. Dies liegt vor allem an der gleichzeitigen Aktivierung beider Gehirnhälften, die beim Jonglieren stattfindet.

Jonglieren im Klassenzimmer ist wohl nicht durchführbar. Es gibt aber viele Übungen, die den gleichen Effekt haben. Ein Teil davon gehört zu den ersten Schritten, die man bei dieser Kunst macht. Bei Life Kinetik und Brain-Gym werden sie systematisch ausgebaut. Spitzensportler wie Felix Neureuther oder der Fußballtrainer Jürgen Klopp schwören darauf, dass dadurch die Konzentrationsfähigkeit in höchstem Maße sofort abrufbar ist und sich längere Zeit halten lässt. (Felix Neureuther betont das in seinem Buch über Life Kinetik; siehe dazu die Literaturempfehlungen auf Seite 119.) Sie benutzen die Technik allerdings über einen längeren Zeitraum als fünf Minuten; das können wir nicht tun. Auch haben wir nicht ständig eine Sporthalle zur Verfügung.

Daher sind die folgenden Übungen tatsächlich auf die Gegebenheiten eines Klassenzimmers abgestimmt, genauso der Zeitraum von maximal fünf Minuten.

Entscheidend bei allen Übungen ist, dass sie nicht als Larifari angesehen werden, sondern dass die Schüler (genauso wie die Lehrkraft) sich zumindest vorstellen können, dass sie wirken. Wir raten dringend dazu, vor den allerersten Übungen Beispiele aus dem Spitzensport anzuführen. Die deutsche Ski-Nationalmannschaft sowie Borussia Dortmund oder die TSG Hoffenheim sind den meisten Schülern ein Begriff.

Die Grundidee aller Übungen in diesem Teil liegt in einer Koppelung von zwei eigentlich ganz unterschiedlichen Dingen – von Bewegung und Merkfähigkeit. Die Bewegungen werden mit Forderungen an das Kurzzeitgedächtnis gekoppelt. Sie zeigen ihre Wirkung daher nur dann, wenn die Schüler sie nicht „auswendig lernen" können. Dies bedeutet, dass Sie die gezeigten Übungen im Wortlaut von Tag zu Tag variieren müssen. Ein Beispiel: Wenn heute „blau" für „rechts" steht, so müssen Sie der rechten Seite morgen z. B. „grün" zuordnen. Klingt einfach, ist einfach – und unbedingt notwendig!

Es hat sich übrigens in der Praxis herausgestellt, dass es für die Schüler leichter wird, wenn Sie statt „rechte Hand" z. B. „Fensterhand" bzw. „Wandhand" sagen.

Lernbereitschaft fördern: allgemein

1

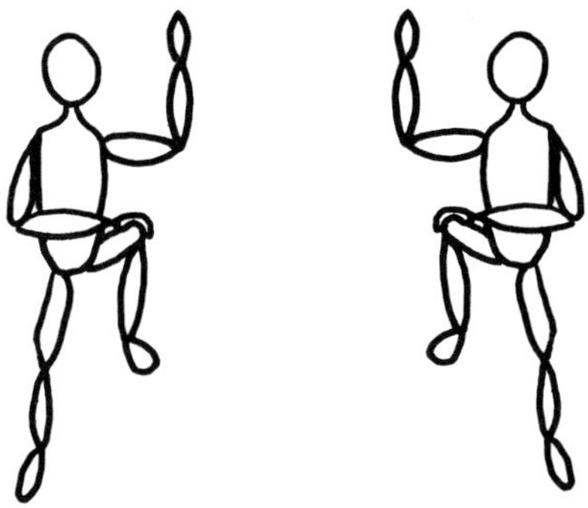

rechte Hand – linkes Knie / linke Hand – rechtes Knie

So geht's:
Die Schüler stehen.
Sie marschieren auf dem Platz. Die Hände berühren abwechselnd über Kreuz das gehobene Knie. Der freie Arm wird hochgehalten.

Dauer:
4 Minuten

Zusatzinfos:
Diese Übung regt durchaus den Kreislauf an. Sie können sie übrigens auch zur Auflockerung einer Doppelstunde verwenden.

Lernbereitschaft fördern: allgemein

2

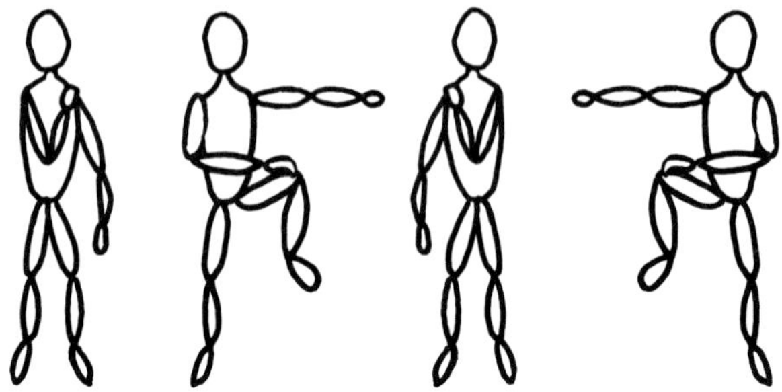

So geht's:
Die Schüler stehen.
Schultern und Knie werden jeweils einer Farbe zugeordnet (siehe Illustration). Also hier: blau = rechte Hand zur linken Schuler, linker Arm hängt; rot = rechte Hand zum linken Knie, linker Arm zur Seite ausgestreckt; gelb = rechte Hand zur linken Schulter, rechter Arm hängt; grün = linke Hand zum rechten Knie, rechter Arm zur Seite ausgestreckt. Jeder Schüler berührt den jeweiligen Punkt, wenn die Lehrkraft eine Farbe nennt.

Dauer:
3 bis 4 Minuten

Zusatzinfos:
Unterschätzen Sie die Schwierigkeit nicht! Insbesondere bei zügigem Zurufen werden einige Schüler bald nur noch ihre Nachbarn kopieren. Bitte unterbinden Sie das.

Lernbereitschaft fördern: allgemein

3

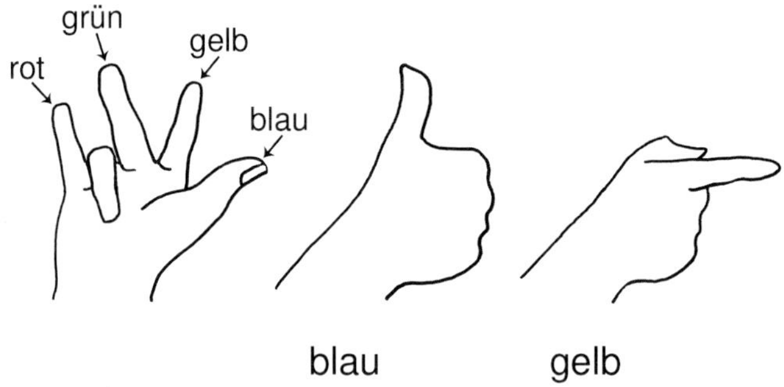

So geht's:
Die Schüler stehen.
Den Fingern wird je eine eigene Farbe zugeordnet. Die Schüler machen eine Faust. Auf Zuruf werden die jeweiligen Finger gestreckt.

Dauer:
3 Minuten

Zusatzinfos:
Bitte ordnen Sie dem Ringfinger keine Farbe zu. Viele Kinder und auch Erwachsene können ihn nicht bei geschlossener Faust strecken. Viel Spaß bei Grün ...

Lernbereitschaft fördern: allgemein

4

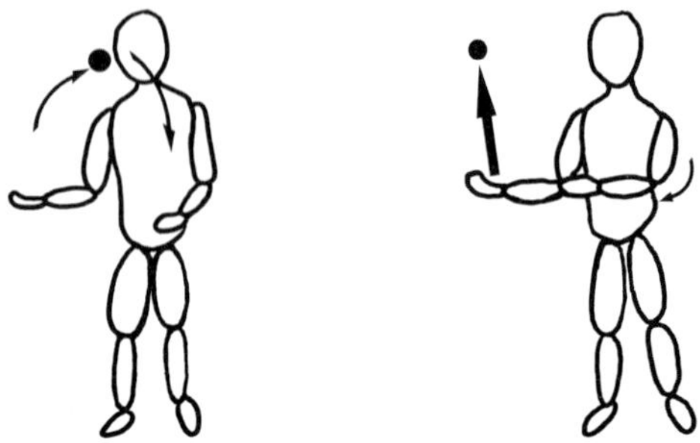

abwechselnd

So geht's:
Die Schüler stehen.
Sie halten einen kleinen Gegenstand (z. B. ein Radiergummi) in der Hand.
Sie werfen ihn zuerst von einer Hand in die andere und zurück.
Dann werfen sie ihn senkrecht hoch. Beim Hochwerfen berührt die zweite Hand den Ellbogen der Wurfhand.

Dauer:
5 Minuten

Zusatzinfos:
Dies ist eigentlich eine Vorübung zum Jonglieren. Ideal wären natürlich Jonglierbälle. Ein Radiergummi erfüllt aber denselben Zweck.

Lernbereitschaft fördern: allgemein

5

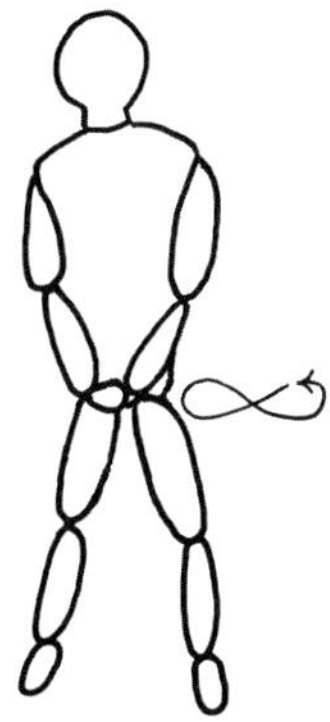

liegende Acht

So geht's:
Die Schüler stehen mit den Füßen in Schulterbreite.
Die Hände werden ineinandergelegt. Die Schüler zeichnen eine liegende Acht in die Luft.

Dauer:
4 Minuten

Zusatzinfos:
Lassen Sie die Schüler bitte unbedingt vor der Körpermitte mit der Acht beginnen, sonst ist ein gewisses Chaos in der Bewegung vorprogrammiert.

Lernbereitschaft fördern: allgemein

6

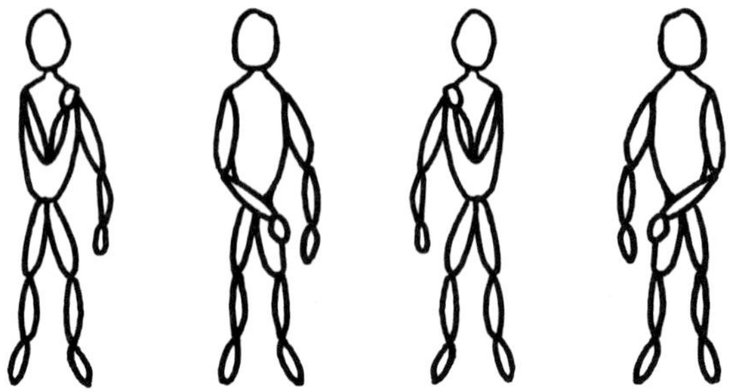

So geht's:
Die Schüler stehen.
Den Schultern und Oberschenkeln werden Städte zugeordnet: München = rechte Hand an linker Schulter; Hamburg = rechte Hand am linken Oberschenkel; Köln = linke Hand an rechter Schulter; Berlin = linke Hand am rechten Oberschenkel (der freie Arm hängt lose herab). Die Schüler berühren auf Zuruf den entsprechenden Punkt. Die Bewegungen gehen immer über die Körpermitte.

Dauer:
4 Minuten

Zusatzinfos:
Nehmen Sie jedes Mal neue Städte (z. B. London, Paris, New York, Rom). Sie können auch Länder oder Kontinente nennen. (Frankreich, Italien, Spanien, Dänemark. Schwierig sind Amerika, Afrika, Asien, Australien – wegen desselben Anfangsbuchstabens.)

Lernbereitschaft fördern: allgemein

7

Mund weit offen
Unterkiefer macht langsame Kreisbewegungen

So geht's:
Die Schüler sitzen.
Der Lehrer erklärt die Übung und betont „langsam". Während der ersten 90 Sekunden bleiben die Augen bei der Bewegung des Unterkiefers offen. Dann werden die Augen für 90 Sekunden während der Bewegung geschlossen.

Dauer:
3 Minuten

Zusatzinfos:
Bitte legen Sie großen Wert auf eine langsame (!) Ausführung. Bei zu schneller Bewegung kann die Übung nämlich schmerzhaft sein.

Lernbereitschaft fördern: allgemein

8

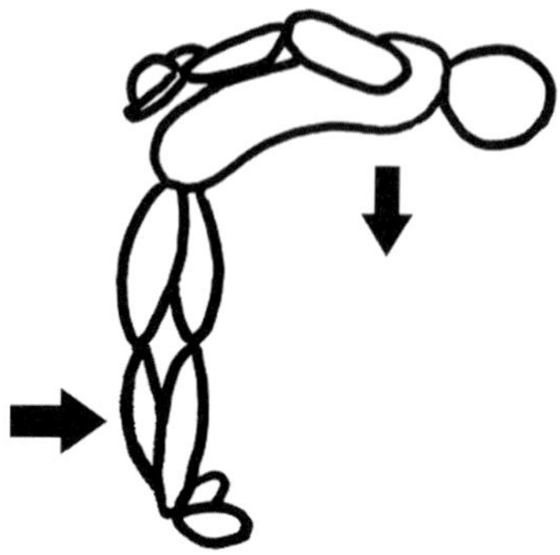

So geht's:

Die Schüler stehen. Die Beine werden verschränkt, die Hände werden bei gestreckten Armen auf dem Rücken ineinandergelegt. Dann beugen die Schüler den Oberkörper nach unten. Sie bleiben etwa fünf Sekunden in der gebeugten Haltung stehen, bis sie sich langsam wieder aufrichten. Beim Wiederaufrichten bleibt der Kopf lange unten und wird erst am Schluss gehoben.

Dauer:

4 Minuten

Zusatzinfos:

Grundsätzlich haben die Schüler die Augen bei dieser Übung offen. Sie können zur Intensivierung eine Variante einführen: Wenn Sie die Schüler nach zwei Minuten die Augen schließen lassen, müssen Sie allerdings aufpassen wie ein Schießhund. Umfallgefahr!

Lernbereitschaft fördern: allgemein

9

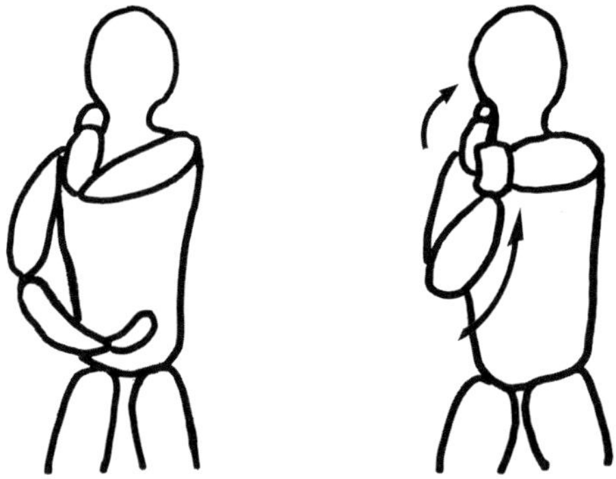

Anfang nach 15 Sekunden

So geht's:

Die Schüler stehen. Eine Hand greift um das Kinn in den Nacken. Nach 15 Sekunden schiebt die zweite Hand (am Ellbogen) den Arm weiter nach oben bzw. hinten. Zehn Sekunden halten, dann ausschütteln.

Dauer:

je 4-mal pro Seite

Zusatzinfos:

Stretching beruhigt und fördert die Konzentration. Da diese Übung über die Körpermitte hinweg erfolgt, ist sie besonders erfolgreich.

Lernbereitschaft fördern: allgemein

10

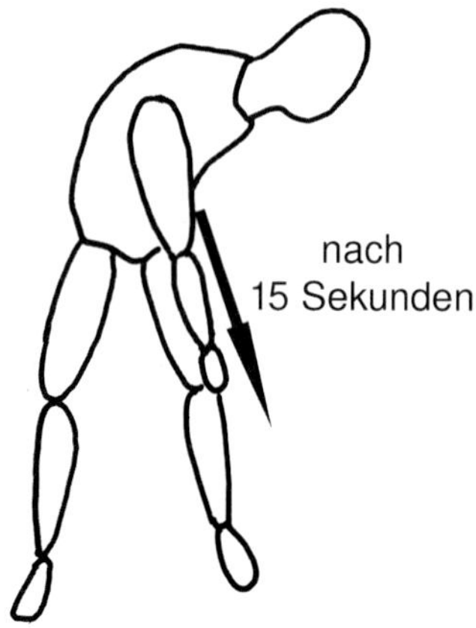

So geht's:
Die Schüler stehen.
Die Beine stehen hüftbreit auseinander und sind durchgestreckt. Die Füße stehen bequem, also nicht ganz parallel. Der freie Arm liegt locker am Rücken an.
Die Arbeitshand geht am Gegenknie so tief wie schmerzfrei möglich nach unten. Nach 15 Sekunden wandert sie noch ein Stück weiter.

Dauer:
je 4-mal pro Seite

Zusatzinfos:
Viele Schüler sind sehr geschmeidig. Trotzdem sollen sie nach 15 Sekunden die Bewegung noch ein Stück in Richtung Fuß weiterführen (maximal bis zum Boden). Wichtig: Die Beine müssen gestreckt sein!

Lernbereitschaft fördern: allgemein

11

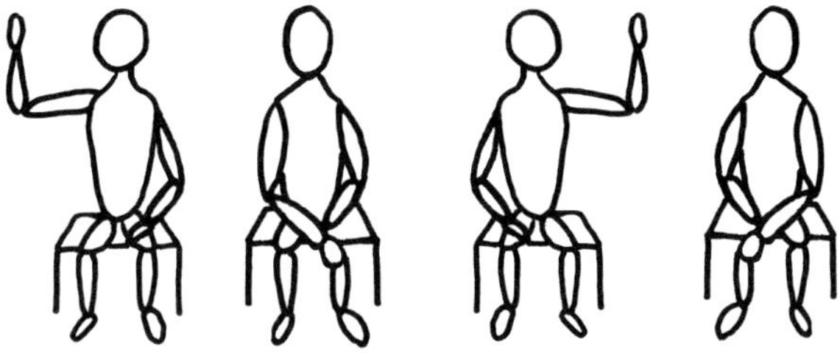

Afrika Asien Australien Amerika

So geht's:
Die Schüler sitzen, die Hände liegen auf den Oberschenkeln.
Die Lehrkraft ordnet den Kontinenten Bewegungen zu, wie sie im Bild gezeigt werden. Bei Nennung des Kontinents machen die Schüler die dazugehörige Bewegung. (Hand heben oder Gegenknie berühren)

Dauer:
4 Minuten

Zusatzinfos:
Dass nur die Hälfte der Bewegungen über die Körpermitte geht, stellt eine besondere Herausforderung dar. Simpel, aber anstrengend.

Lernbereitschaft fördern: allgemein

12

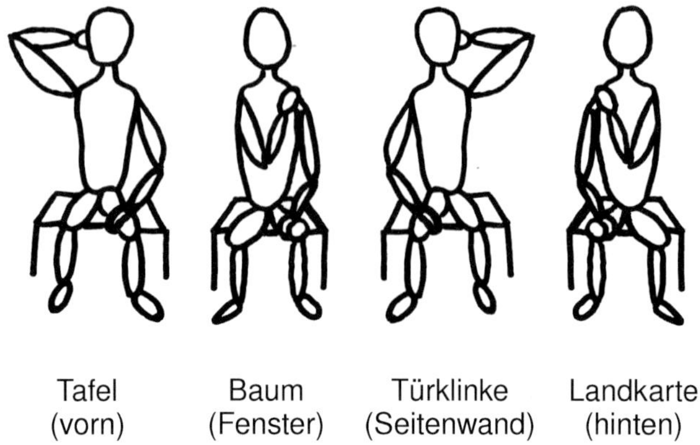

So geht's:
Die Lehrkraft ordnet die vier Seiten des Klassenzimmers je einer Bewegung (Hinterkopf berühren – Gegenschulter berühren) zu.
Die Lehrkraft nennt Gegenstände im Klassenzimmer.
Die Schüler zeigen mit den abgesprochenen Bewegungen, wo sich diese im Klassenzimmer befinden.

Dauer:
5 Minuten

Zusatzinfos:
Diese Übung fördert gleichzeitig die genaue Beobachtung. Unter Umständen, z. B. bei Pinnadeln, müssen die Schüler mehrere Bewegungen machen.

Lernbereitschaft fördern: allgemein

13

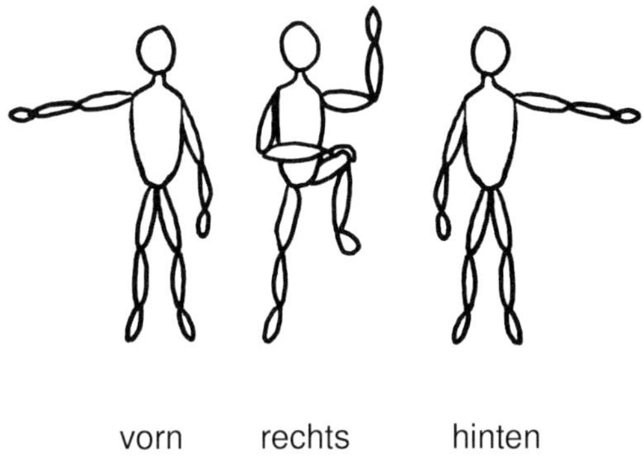

So geht's:
Die Schüler stehen.
Die Lehrkraft erklärt die Richtungen und die dazugehörigen Bewegungen (Arm waagerecht zur Seite strecken bzw. Gegenknie berühren, dabei die Hand auf der Knieseite hochheben). Die Lehrkraft ruft Namen von Schülern. Die Schüler zeigen, wo sich die betreffende Person in Relation zum eigenen Standpunkt befindet.

Dauer:
4 Minuten

Zusatzinfos:
Natürlich müssen die Schüler hier unterschiedliche Bewegungen machen. Bei Diagonalen ist mehr als eine Bewegung nötig.

Lernbereitschaft fördern: fachspezifisch

Beim Herstellen der Lernbereitschaft bereits die Denkweise auf ein bestimmtes Fach einzustellen – das klingt sehr verlockend. Und es ist machbar.

Die Grundidee dazu kommt eigentlich aus dem Fremdsprachenunterricht. Hier werden durch das sogenannte „language bath“ Gehör und Denkweise auf das Sprachmuster der jeweiligen Sprache eingestellt. Anders ausgedrückt: Die Lehrkraft spricht so viel wie möglich in der betreffenden Fremdsprache und verlangt das auch von ihren Schülern.

Der Effekt geht deutlich über ein einfaches Nachahmen hinaus. Die Struktur von Phonologie und Grammatik sowie die Intonation werden durch die häufige Wiederholung selbstverständlich.

Genau dies ist hier der Ansatzpunkt: Häufige Wiederholung. Drill ist heute weitgehend verpönt. Er ist aber hochwirksam, wie wir aus dem Leistungssport wissen. (Beispielsweise werden bei einer minimalen Änderung der Technik beim Luftgewehrschießen sechzig Schuss unter Konzentration auf diese Änderung durchgeführt.) Durch dieses ständige Wiederholen wird ein Vorgang oder eine Denkweise automatisiert. Ist das in ausreichendem Maße erfolgt, kann die Leistung auch unter Stress abgerufen werden.

Daher basieren diese Übungen auf der Idee, einfache Grundlagen im jeweiligen Fach durch häufige Wiederholungen zu festigen. Durch die dabei ausgeführten Bewegungen wird dies nicht als Drill erkannt und kann sogar Spaß machen.

Lernbereitschaft fördern: Deutsch

1

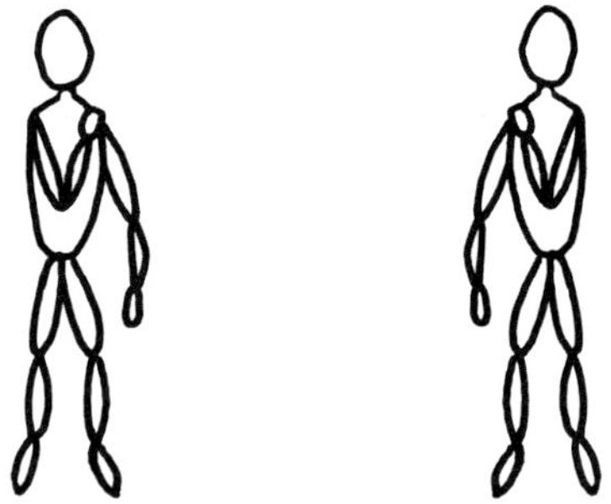

Vorsilbe
→ Unglück

Nachsilbe
→ glücklich

So geht's:
Die Schüler stehen.
Die Bewegungen werden zugeordnet.
Die Lehrkraft nennt Wörter mit Vor- und/oder Nachsilben. Die Schüler machen die passende Bewegung.

Beispiele:
bewohnen – Wohn**ung**, aber auch mit völlig verschiedenen Wortstämmen: wasch**bar** – **be**stimmen.
Besonders interessant wird es bei Wörtern mit Vor- und Nachsilben: **Ver**wert**ung.**

Dauer:
3 Minuten

Zusatzinfos:
Recht unproblematisch, aber wirkungsvoll. Die Übung wird schwerer, wenn Sie die Wörter schneller angeben. Wechseln Sie auch mal zu den Knien oder den Ohren.

Lernbereitschaft fördern: Deutsch

2

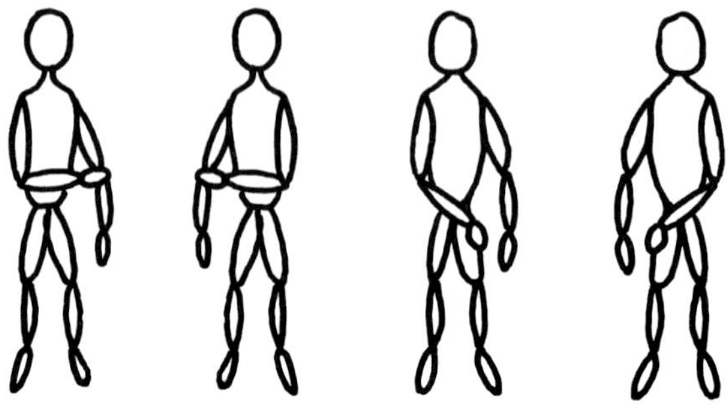

So geht's:
Die Schüler stehen.
Die Bewegungen (Hand zum Ellbogen der Gegenseite, Hand zum Oberschenkel der Gegenseite) werden den jeweiligen Zeiten zugeordnet, vgl. Illustration.
Die Lehrkraft gibt Sätze vor.
Die Schüler machen die entsprechende Bewegung.

Beispiele:
Der Hund läuft. Das hat prima funktioniert. Werden wir morgen alles wissen?

Dauer:
4 Minuten

Zusatzinfos:
Beginnen Sie mit den reinen Verbformen. Steigern Sie die Anforderungen, indem Sie ganze Sätze bilden. Noch schwerer wird es mit Fragen und Verneinungen.

Lernbereitschaft fördern: Deutsch

3

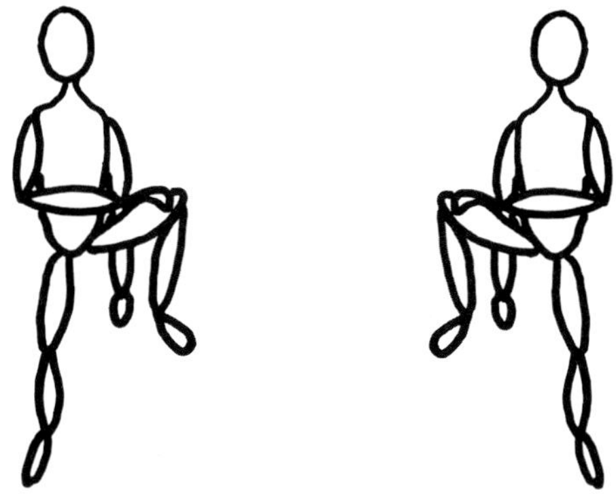

So geht's:
Die Schüler stehen.
Die Bewegungen (Hand zum erhobenen Gegenknie, anderer Arm hängt herunter) werden wie auf der Illustration zugeordnet.
Die Lehrkraft bildet Aktiv- und Passivsätze nach dem Zufallsprinzip.
Die Schüler machen die entsprechenden Bewegungen.

Beispiele:
Ich bin gelobt worden.
Ich lobe meinen Nachbarn.
Der Nachbar freut sich darüber.

Dauer:
3 Minuten

Zusatzinfos:
Diese Übung ist recht einfach. Wenn Sie zusätzlich eine Bewegung der freien Hand verlangen, z. B. an die gegenüberliegende Schulter, wird sie deutlich schwerer.

Lernbereitschaft fördern: Deutsch

4

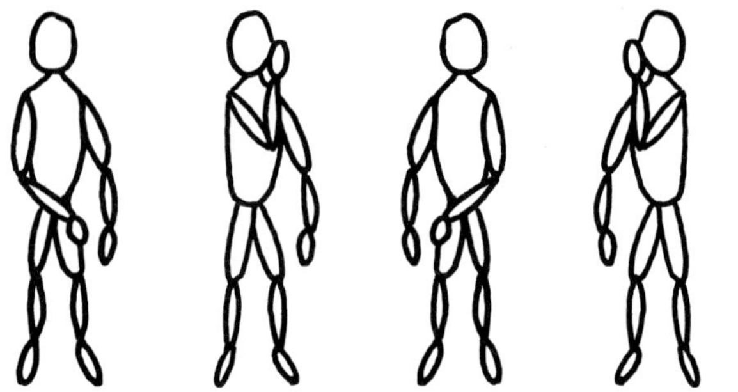

So geht's:
Die Schüler stehen.
Den Wortarten werden Bewegungen zugeordnet. Hier greift die Hand zum Oberschenkel oder zum Ohr auf der Gegenseite, der freie Arm hängt.
Der Lehrer spricht sehr langsam Sätze. Die Schüler machen die zur Wortart gehörigen Bewegungen.

Beispiele:
Meine Mutter hat mich gerufen.
Wir schreiben einen interessanten Brief.
Das gibt eine gute Note.

Dauer:
4 Minuten

Zusatzinfos:
Ein solides Training, das man natürlich mit allen Wortarten machen kann. Bei Wörtern, die nicht dem Schema entsprechen, bleiben die Schüler unbewegt stehen. (Beispiel 2 und 3: eine(n))

Lernbereitschaft fördern: Deutsch

5

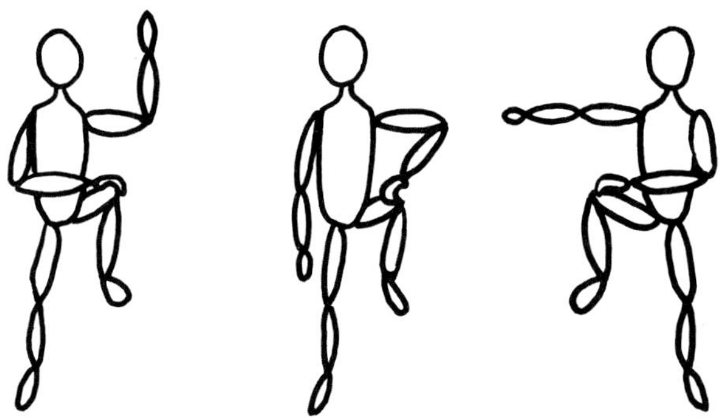

Subjekt Der Mann | Prädikat pfeift | Objekt ein Lied.

So geht's:
Die Schüler stehen.
Die Bewegungen werden den jeweiligen Satzgliedern zugeordnet. Achtung: Hier sind sie sehr (!) unterschiedlich. (Subjekt = rechte Hand zum linken Knie, linke Hand wird gehoben; Prädikat = linke Hand zum angehobenen linken Knie; Objekt = linke Hand zum rechten Knie, rechter Arm waagerecht ausgestreckt.) Die Lehrkraft spricht ganze Sätze sehr langsam vor. Während des Sprechens führen die Schüler alle Bewegungen durch, die zum entsprechenden Satzglied gehören.

Beispiele:
Der Hund beißt den Postboten.
Schwieriger: Der Hund hat den Postboten gebissen.
Oder: Kühe fressen Gras. Die Mutter füttert das Baby.

Dauer: 4 Minuten

Zusatzinfos: Sie können natürlich noch die Differenzierung zwischen Dativ- und Akkusativ-Objekt verlangen und dafür die Objekt-Haltung einfach umdrehen. Beispiel für die Doppelnutzung: Ich leihe dir dieses Buch.

Lernbereitschaft fördern: Mathematik

1

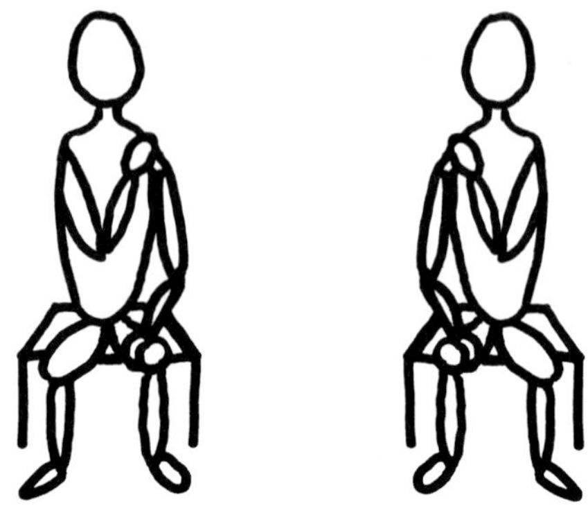

So geht's:
Die Schüler sitzen.
Der rechten Schulter werden gerade, der linken Schulter werden ungerade Zahlen zugeordnet.
Die Schüler berühren die jeweilige Schulter auf Zuruf.

Beispiele:
3, 17, 124, 5, 16

Dauer:
4 Minuten

Zusatzinfos:
Beginnen Sie mit der Nennung einfacher Zahlen. Dann geben Sie Rechenaufgaben vor, z. B. 3 × 7. Hier müssen die Schüler durch Berühren der entsprechenden Schulter zeigen, ob das Ergebnis gerade oder ungerade ist.

Lernbereitschaft fördern: Mathematik

2

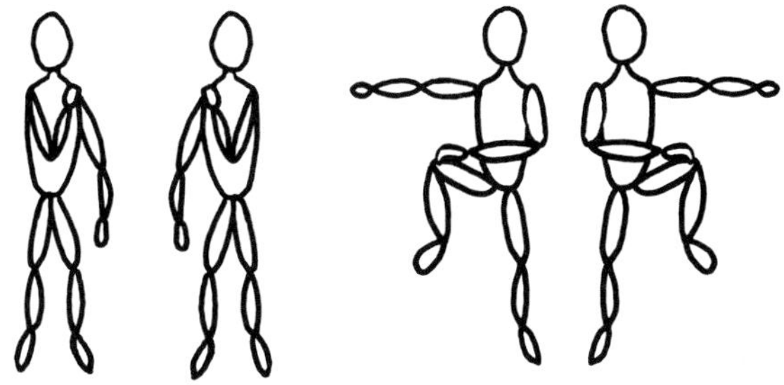

So geht's:
Die Schüler stehen.
Schultern und Knie werden geraden bzw. ungeraden Zahlen zugeordnet.
Die Bewegung erfolgt auf Zuruf des Lehrers.

Beispiele:
6 = rechte Hand/linke Schulter
18 = linke Hand/rechte Schulter
11 = linke Hand/rechtes Knie/freier Arm gestreckt
27 = rechte Hand/linkes Knie/freier Arm gestreckt

Dauer:
4 Minuten

Zusatzinfos:
Nennen Sie zuerst einige einzelne Zahlen. Dann gehen Sie zu Rechenaufgaben über. Wechseln Sie zwischen den vier Grundrechnungsarten. Ändern Sie jedes Mal die Zuordnung der Berührungspunkte.

Lernbereitschaft fördern: Mathematik

3

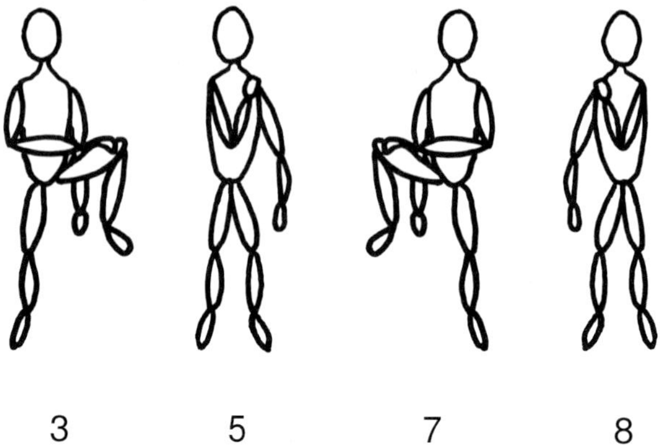

So geht's:
Die Schüler stehen.
Die Bewegungen (Hand zum Gegenknie oder Hand zur Gegenschulter) werden dem jeweiligen 1×1 zugeordnet.
Der Lehrer nennt eine Zahl, der Schüler macht die Bewegung. Bei 14 erfolgt also die 7er-Bewegung. Bei manchen Zahlen sind mehrere Bewegungen möglich.

Dauer:
4 Minuten

Zusatzinfos:
Die Zahl 24 erfordert beispielsweise die Bewegung zur 3 und die zur 8. Wechseln Sie zwischen leichten (= 1 Berührung) und schweren Aufgaben (2 Berührungen).

Lernbereitschaft fördern: Mathematik

4

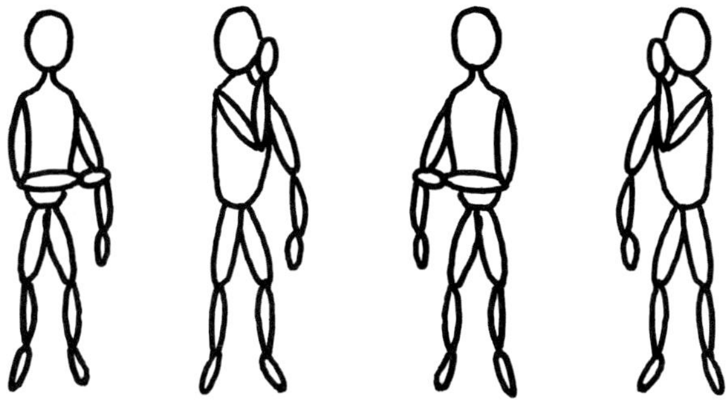

Addition Subtraktion Multiplikation Division

So geht's:
Die Schüler stehen.
Den vier Grundrechenarten werden Bewegungen (Hand zum Ellbogen oder zum Ohr auf der Gegenseite) zugeordnet. Alle Schüler sollen zeigen, um welche Rechenart es sich handelt.
Die Lehrkraft stellt nun Aufgaben und ruft nur Schüler auf, die die richtige Bewegung gemacht haben. Diese Bewegung gilt auch als „Sich-melden".

Dauer:
4 Minuten

Zusatzinfos:
Durch die körperliche Anzeige der Rechenart erfordern die Aufgaben hohe Konzentration. Beginnen Sie einfach und gehen bis an die Grenze des Leistbaren. Sobald Schüler anfangen, nur noch andere zu beobachten und nachzuahmen, verlangen Sie zu viel.

Lernbereitschaft fördern: Mathematik

5

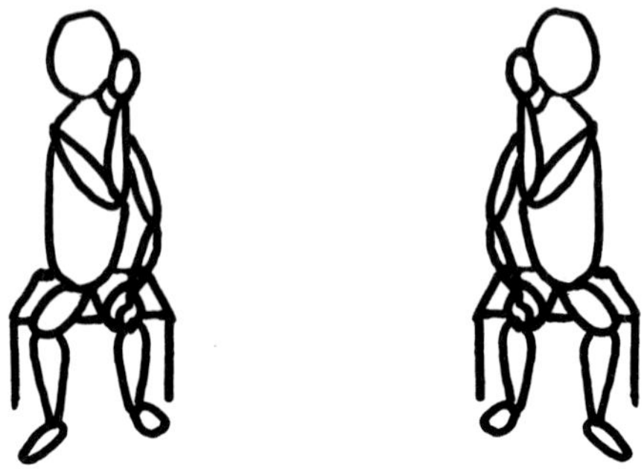

Aufrunden Abrunden

So geht's:
Die Schüler sitzen.
Die Bewegungen (Hand zum Ohr der Gegenseite) für Auf- und Abrunden werden festgelegt.
Der Lehrer gibt vor, wie gerundet werden soll, und nennt Zahlen. Der Schüler macht die entsprechende Bewegung und zeigt, ob auf- oder abgerundet wird.

Beispiele:
Auf 10-er runden: 17, 24, 85, 99, 11.
Auf 100-er runden: 127, 357, 2498.
Auf 2 Stellen hinter dem Komma: 3,9762

Dauer:
3 Minuten

Zusatzinfos:
Steigern Sie das Tempo bis an die Grenze des Machbaren.

Lernbereitschaft fördern: Englisch

1

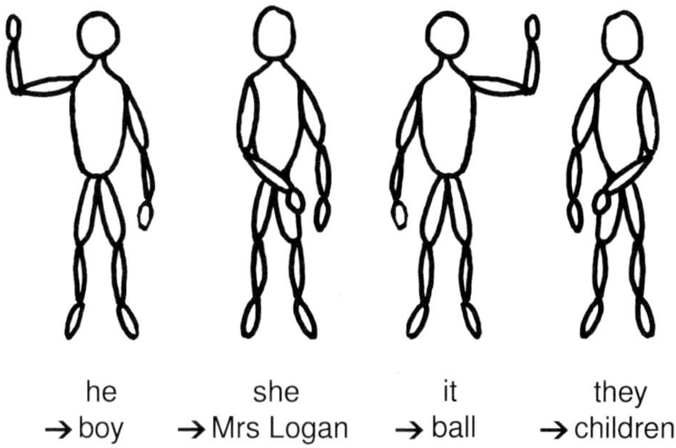

So geht's:
Die Schüler sitzen.
Die Personalpronomina werden zugeordnet. Also he = rechter Arm oben, it = linker Arm oben, she = rechte Hand auf linkem Oberschenkel, they = linke Hand auf rechtem Oberschenkel.
Die Lehrkraft gibt verschiedene Nomen vor.
Die Schüler zeigen durch ihre Bewegung an, welches Personalpronomen das jeweilige Nomen ersetzt.

Beispiele:
the girl = she, Mr. Miller = he, Father Christmas = he, the class in the next room = they.
Lustig wird es, wenn Sie ein Auto oder Schiff nennen (= she).

Dauer:
4 Minuten

Zusatzinfos:
Das ist eine sehr grundlegende Übung für die fünfte Jahrgangsstufe. Auch später sollte man sie immer wieder einmal einflechten.

Lernbereitschaft fördern: Englisch

2

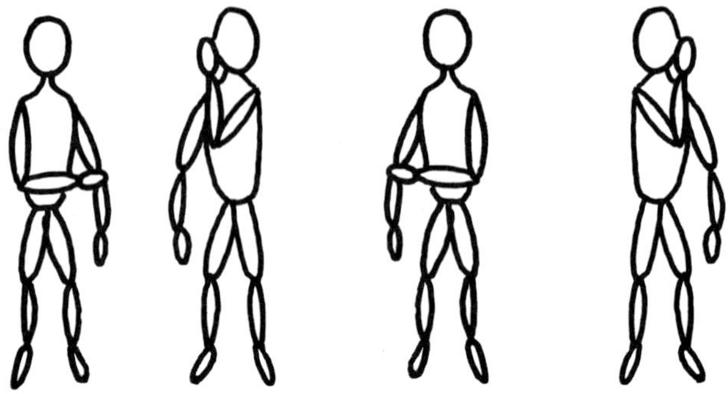

present – she works | past – I went | pres. perf. – we have done | future – we will run

So geht's:
Die Schüler stehen.
Jeder Zeitform wird ein Berührungspunkt (Berührung des Ellbogens bei present und present perfect, des Ohrs auf der Gegenseite bei past und future) zugeordnet.
Die Lehrkraft nennt Verben in unterschiedlichen Zeiten.
Die Schüler berühren die jeweiligen Punkte.

Beispiele:
We go.
They don't smoke.
Will it happen?

Dauer:
4 Minuten

Zusatzinfos:
Es geht zunächst nur um das Erkennen der Zeitformen. Sie können die Bewegung auch selbst vorführen. Die Schüler sollen dann im Chor oder nach Aufruf die richtige Zeitform nennen.

Lernbereitschaft fördern: Englisch

3

no auxiliary	do	does
He has gone.	We learn.	She drinks.
Has he gone?	We don't learn.	Does she drink?

So geht's:

Die Schüler stehen.
Je nachdem, ob bzw. in welcher Form eine do-Konstruktion verwendet werden muss, werden die Berührungspunkte zugeordnet: Kein auxiliary = rechte Hand auf linkem Knie, linker Arm gehoben; „do" = rechter Arm auf rechtem Knie, linker Arm gestreckt; „does" = linke Hand auf rechtem Knie, rechter Arm gehoben.
Die Lehrkraft gibt kurze Sätze vor und sagt, ob es eine Verneinung oder eine Frage werden soll. (Das ändert zwar nichts an der Lösung, erfordert aber zusätzliche Konzentration.) Die Schüler zeigen durch die entsprechende Bewegung, welche Satzkonstruktion hier nötig ist.

Dauer:

4 Minuten

Zusatzinfos:

Wichtig ist, dass bei dieser Übung <u>alle</u> Schüler jeweils sichtbar ihre Wahl treffen. Nach der Bewegung können Sie auch aufrufen und die Lösung verbalisieren lassen. Die richtige Bewegung gilt dabei als „Sich-melden".

Lernbereitschaft fördern: Englisch

4

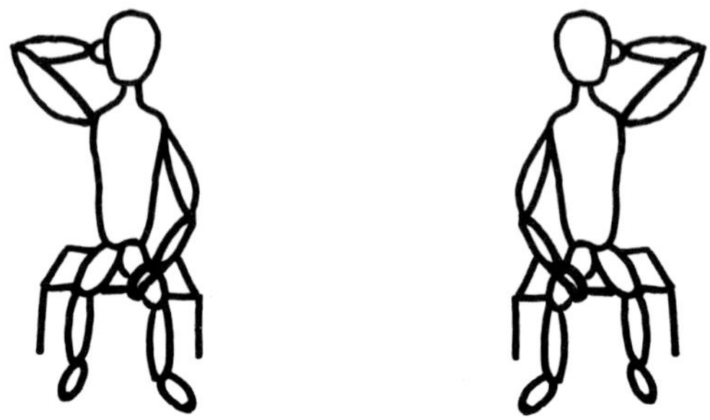

some
There is *teapot*
milk in my glass.

any
We don't use *teapot*
weapons.

So geht's:
Die Schüler sitzen.
„Some" und „any" werden Bewegungen zugeordnet: Some = rechte Hand greift zum Hinterkopf; any = linke Hand greift zum Hinterkopf.
Die Lehrkraft gibt Sätze vor, bei denen „some" bzw. „any" durch „teapot" ersetzt werden.
Die Schüler zeigen durch ihre Bewegung, ob in die Lücke „some" oder „any" eingesetzt werden muss.

Beispiele:
Are there *teapot* girls in this room? (any)
Let's have *teapot* fun. (some)
No, we haven't got *teapot* bananas. (any)

Dauer:
4 Minuten

Zusatzinfos:
Bei fortgeschrittenen Schülern können Sie hier natürlich alle Sonderfälle einbauen, die die Schüler kennen (müssten).

Lernbereitschaft fördern: Englisch

5

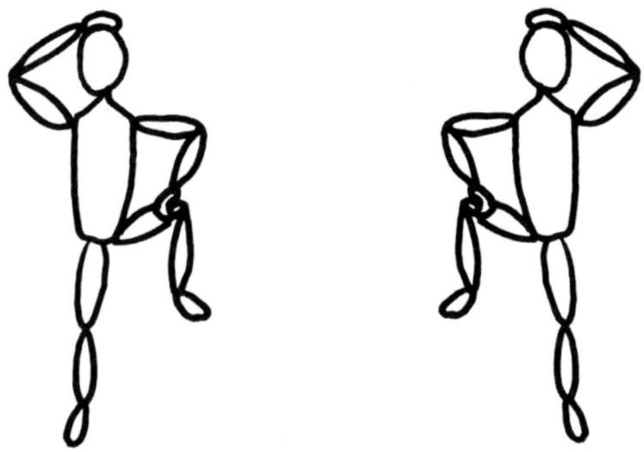

since
teapot 1948

for
teapot six weeks

So geht's:
Die Schüler stehen.
Die Bewegungen werden „since" und „for" zugeordnet: since = rechte Hand auf den Kopf, linke Hand ans linke Knie; for = rechte Hand ans rechte Knie, linke Hand auf den Kopf.
Die Lehrkraft gibt Ausdrücke bzw. ganze Sätze als „teapot"-Sätze vor. Die Schüler zeigen durch ihre Bewegung, ob in die Lücke „since" oder „for" eingesetzt werden muss.

Beispiele:
We've lived here *teapot* 2014. (since)
He didn't eat any meat *teapot* 3 years. (for)

Dauer: 5 Minuten

Zusatzinfos: Diese Übung ist der vorherigen recht ähnlich, aber mit viel mehr Bewegung verbunden und dient daher auch dem Stressabbau. Übrigens: Versuchen Sie die Übung doch mal auf Tempo – und auf Deutsch! („Seit 6 Wochen üben wir das." „3 Jahre lang hat er das als junger Mensch gelernt, bis er es konnte.")

Lernbereitschaft fördern: Französisch 1

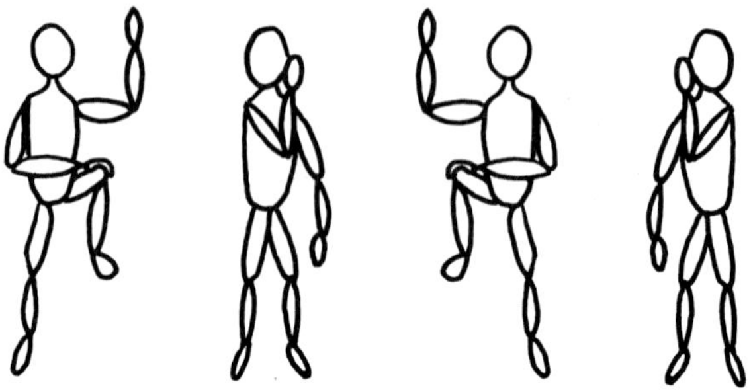

le	la	les	l'
pull	casquette	touristes	anorak

So geht's:

Die Schüler stehen.

Die Bewegungen werden den bestimmten Artikeln zugeordnet: le = rechte Hand am linken Knie, linke Hand gehoben; la = rechte Hand am linken Ohr, linker Arm hängt herab; les = linke Hand am rechten Knie, rechte Hand gehoben; l' = linke Hand am rechten Ohr.

Die Lehrkraft nennt Nomen aller Art ohne Artikel, besser ist ein Zeigen der Wörter mit der Dokumentenkamera oder einem WhiteBoard.

Die Schüler machen die entsprechende Bewegung und sprechen das Nomen mit dem Artikel im Chor oder nach Aufruf aus.

Beispiele:

(le) port
(le) toit
(les) voitures
(l')écolier

Dauer:

4 Minuten

Lernbereitschaft fördern: Französisch

2

je	il	nous	vous	ils
suis	est	sommes	êtes	sont

être

So geht's:

Die Schüler stehen.

Ein Personalpronomen wird jeweils mit einer Bewegung gekoppelt: je = rechte Hand am linken Knie, linker Arm zur Seite ausgestreckt; il = linke Hand am rechten Knie, rechter Arm zur Seite ausgestreckt; nous = beide Arme zur Seite gestreckt; vous = rechte Hand auf dem Kopf, linker Arm hängt; ils = linke Hand auf dem Kopf, rechter Arm hängt.

Die Lehrkraft nennt die Grundform eines unregelmäßigen Verbs (aller, avoir, boire, connaître, devoir, dire, écrire, être, faire, falloir, lire, mettre, pouvoir, prendre, rire, savoire, venir, voir, vouloir …) und macht einige der Bewegungen.

Die Schüler wiederholen die Bewegung und sprechen die korrekte Form aus (im Chor oder nach Aufruf).

Dauer:

4 Minuten

Zusatzinfos:

Die unregelmäßigen Verben kann man nicht genug einüben. Durch diese Übung geht das spielerisch und sehr erfolgreich.

Lernbereitschaft fördern: Französisch

3

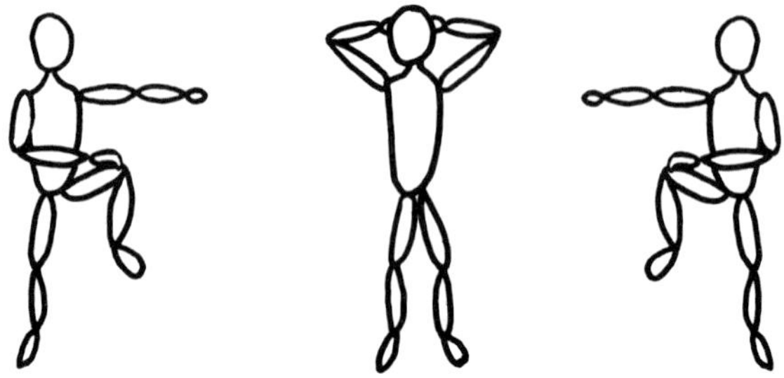

et quart et demie moins le quart

Il est 2:15

So geht's:

Die Schüler stehen.

Die Bewegungen werden jeweils einer Uhrzeit zugeordnet: et quart = rechte Hand ans linke Knie, linker Arm zur Seite ausgestreckt; et demie = beide Hände am Hinterkopf; moins le quart = linke Hand ans rechte Knie, rechter Arm zur Seite ausgestreckt.

Die Lehrkraft nennt die Uhrzeit als Zahlen auf Deutsch, also etwa 2 Uhr 45 oder 4 Uhr 15.

(Noch besser: Bilder von Uhren werden an die Tafel projiziert.)

Die Schüler sprechen jeweils den korrekten Satz („Il est …“) und führen die dazugehörige Bewegung aus.

Dauer:

4 Minuten

Zusatzinfos:

Für den, der es schon kann, sehr einfach. Für die anderen ist es nach kürzester Zeit genauso leicht.

Lernbereitschaft fördern: Französisch

4

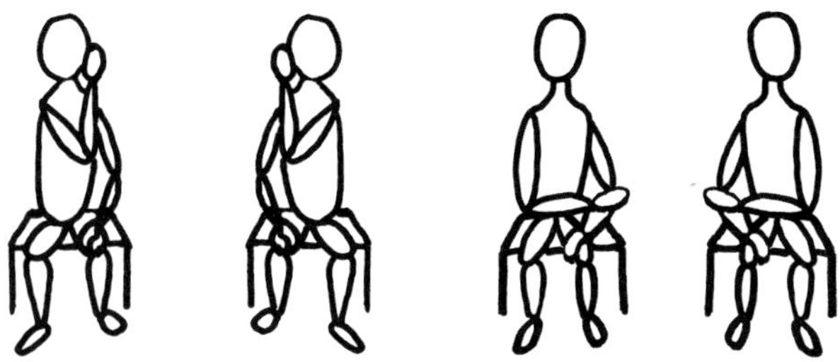

à + le	à + la	à + les	à + l'
au collège	à la cantine	aux toilettes	à l'église

So geht's:

Die Schüler sitzen die Hände liegen auf den Oberschenkeln.
Jeder Kombination aus der Präposition à plus bestimmten Artikel wird eine Bewegung zugeordnet: à + le = rechte Hand am linken Ohr; à + la = linke Hand am rechten Ohr; à + les = rechte Hand am linken Ellbogen; à + l' = linke Hand am rechten Ellbogen.
Sie geben „Je vais + Nomen" vor.

Beispiele:

Je vais – école; je vais – supermarché; je vais – stade.
Die Schüler machen dazu die entsprechende Bewegung und sagen jeweils im Chor oder nach Aufruf, wie die Zusammenziehung aus à und dem bestimmten Artikel heißt. Dabei sprechen sie den ganzen Satz.

Dauer:

4 Minuten

Zusatzinfos:

Durch die Bewegung wird die Übung nicht als Drill empfunden. Sie lässt sich genauso mit „de + bestimmtem Artikel" durchführen.

Lernbereitschaft fördern: Französisch

5

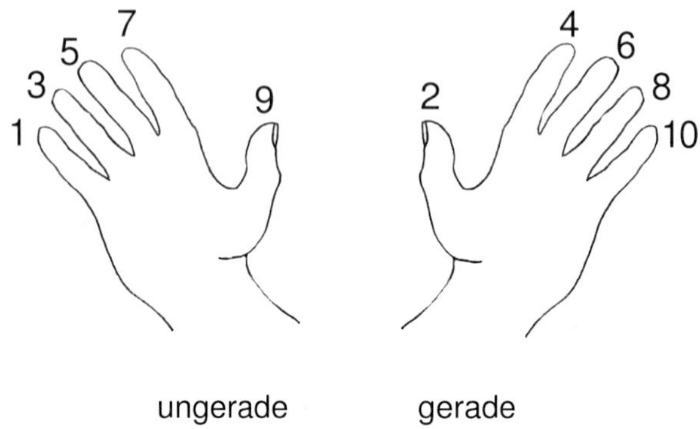

So geht's:
Die Schüler sitzen, die geschlossenen Hände liegen auf dem Tisch.
Die Lehrkraft ordnet jedem Finger eine andere Zahl zu zu. Dann nennt sie die Zahlen durcheinander auf Französisch.
Die Schüler zeigen den jeweiligen Finger.
Hierbei sind alle Schüler gleichzeitig gefordert.

Idee:
Sie können auch nach der Zuordnung selbst in beliebiger Reihenfolge Finger zeigen. Mit der anderen Hand zeigen Sie auf den Schüler, der antworten soll. Dabei erreichen Sie allerdings nur einen Teil der Schüler, im ungünstigsten Fall nur den einen.

Dauer:
3 bis 4 Minuten

Zusatzinfos:
Durch die Teilung in gerade und ungerade Zahlen wird der Lernprozess intensiviert. Wichtig: Ändern Sie jedes Mal die Zuordnung.

Konzentration abrufen

Konzentration zum gewünschten Zeitpunkt – also bei Neuaufnahme von komplexem Stoff oder bei einer Leistungserhebung – verlangt man von alters her einfach so von den Schülern. Wenn sie das nicht können, so kommt häufig ein unwirsches „Muss ich denn alles dreimal erklären?“ Und bei Tests gibt es weit mehr Flüchtigkeitsfehler, als man erwartet hat. (Ganz ohne geht es wohl nicht.)

Online findet man heute ein gerütteltes Maß an Übungen, mit denen der Proband seine Konzentration sozusagen auf den Punkt genau einschalten kann. Als Dauerzustand ist sie sowieso nicht erreichbar.

Diese Übungen teilen sich grundsätzlich in zwei große Gruppen: geeignet für den Leistungssport oder geeignet für das Büro. Man findet aber viele Gemeinsamkeiten.

Beginnen wir beim Leistungssport. Gut gemeint, aber nicht zielführend sind falsche Ernährungstipps. Unsere Lehrer rieten noch zu Traubenzucker, heute wird das mit Recht (meistens) nicht mehr empfohlen.

Diese „schnellen Zucker“, zu denen auch Cola und diverse süße Riegel gehören, sind nämlich Gift für eine Konzentration, die länger als zehn Minuten anhält. Aus dem Schießsport wissen wir, dass etwa 12 bis 15 Minuten nach einem Glas Cola die ersten Fehlschüsse auftreten, die sich der Schütze nicht erklären kann. Sportmedizinisch lässt sich das Phänomen aber leicht entschlüsseln: Der Schütze erhält durch den schnellen Zucker zuerst einen höheren Blutzuckerwert, ist also hoch konzentrationsfähig. Dann aber stürzt dieser Wert ab (= schneller Zucker) und er gerät kurzzeitig in den Unterzucker. Daher der Fehlschuss.

Und daher auch der Fehler in der Leistungserhebung, den sich der Schüler hinterher so gar nicht erklären kann. Ein Tipp dazu: Wenn jemand unbedingt etwas Süßes möchte oder zu brauchen glaubt: Ein Löffel (Imker-) Honig wirkt Wunder. Durch die Vielzahl verschiedener Zuckerarten, die in ihm enthalten sind, kommt es nicht zu dem gefürchteten Absturz. Bei langen Arbeiten empfiehlt sich vorher etwas Vollkornbrot, dünn gebuttert und mit Honig bestrichen. Dazu ein halber Apfel. Das gibt geistige Fitness für einen längeren Zeitraum.

Wenn Sie Ihren Klassen Leistungserhebungen als Leistungssport verkaufen können – versuchen Sie es mit diesem Ernährungstipp.

Im Büro, also am Schreibtisch, wird darauf weniger eingegangen. Hier werden eine Vielzahl von Übungen empfohlen, die ein Ausschalten themenfremder Gedanken bewirken (sollen). Meistens tun sie das auch. Dies funktioniert aber nur, wenn man die Übungen regelmäßig durchführt. Wer glaubt, eine einmalige Anwendung würde Wunder wirken, irrt. Es muss geübt werden.

Konzentration abrufen

1

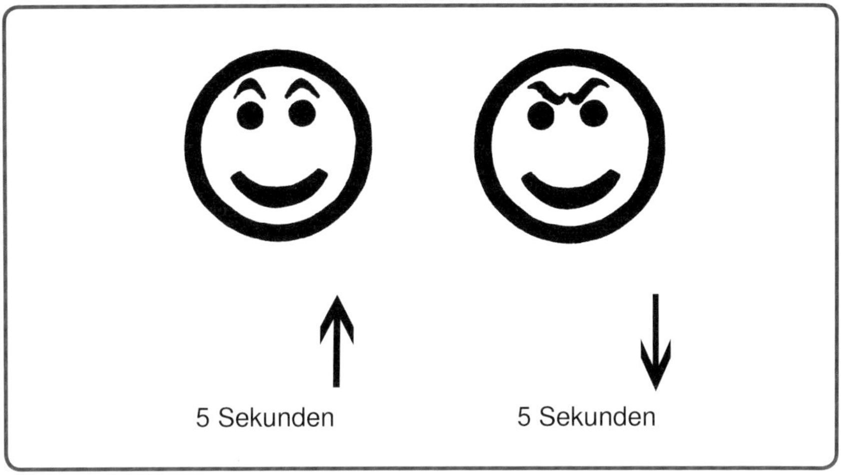

So geht's:
Die Schüler sitzen.
Auf Kommando heben und senken sie die Augenbrauen. Jeweils fünf Sekunden halten.
Nach dem Senken die Stirn glattstreichen (zehn Sekunden).

Dauer:
4-mal

Zusatzinfos:
Klingt furchtbar simpel, ist aber von erstaunlicher Wirkung. Diese Übung kann auch bei einer persönlichen Blockade angewendet werden.

Konzentration abrufen

2

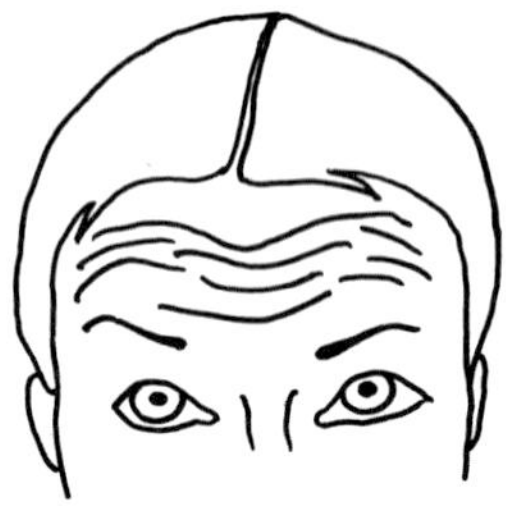

10 Sekunden

So geht's:
Die Schüler sitzen.
Sie runzeln kräftig die Stirn.
Dann streichen sie sie sanft glatt.
Hier sollte ein sanftes Lächeln dazukommen.

Dauer:
3-mal

Zusatzinfos:
Auch diese Übung kann zum Lösen von Blockaden verwendet werden.

Konzentration abrufen

3

sanft (!) reiben

So geht's:
Die Schüler sitzen und schließen die Augen.
Sie legen auf beiden Seiten die flache Hand auf das Ohr.
Die Hand reibt mit sanftem Druck langsam im Kreis.

Dauer:
3 Minuten

Zusatzinfos:
Hier sollten Sie darauf hinweisen, dass die Hand nicht flach, sondern leicht gewölbt aufgelegt wird. Die Ohrmuschel liegt am Handballen.

Konzentration abrufen

4

Daumen in der Ohrmuschel!

So geht's:
Die Schüler sitzen.
Sie greifen mit beiden Händen an die Ohren.
Der Daumen liegt jeweils in der Ohrmuschel.
Die Hände gehen mit leichter Massagebewegung zum Ohrläppchen und zurück. Der Daumen wandert mit.

Dauer:
3- bis 4-mal

Zusatzinfos:
Achten Sie bitte unbedingt darauf, dass sich der Daumen in der Ohrmuschel befindet und alle vier Finger dahinter liegen. Es gibt Schüler, die es genau umgekehrt versuchen. Der Massageeffekt ist aber dann ein anderer und hat bei Weitem nicht dieselbe Wirkung.

Konzentration abrufen

5

So geht's:

Die Schüler stehen auf einem Bein.
Ein Arm beschreibt einen Kreis, der andere eine Acht.
Langsam ausführen lassen!
Wechseln Sie dabei jedes Mal die Seite, sodass die Arme unterschiedliche Aufgaben bekommen.

Dauer:

3-mal 1 Minute mit je 30 Sekunden Pause

Zusatzinfos:

Hier kommt es sehr auf den Gleichgewichtssinn an. Wer ins Schwanken kommt, sollte die Übung mit beiden Beinen am Boden machen.
Wenn Sie Superschüler haben, denen das zu leicht ist, so lassen Sie diese doch ab dem zweiten Mal die Augen schließen. Bei mir hat das noch kein Schüler geschafft.

Konzentration abrufen

6

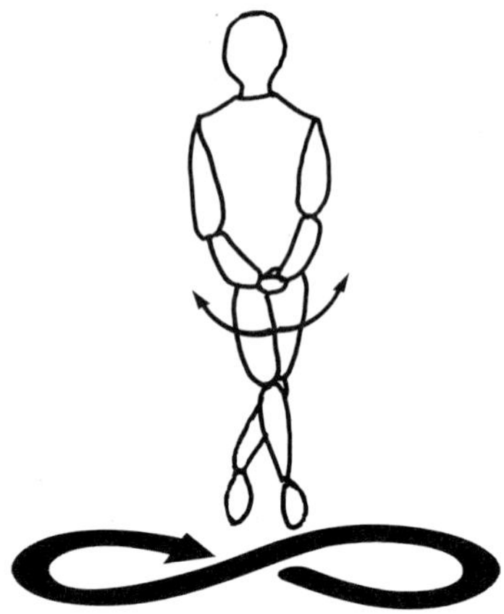

So geht's:
Die Schüler stehen: Die Beine gekreuzt, Hände vor der Körpermitte zusammengelegt.
Die Schüler führen die Arme in Form einer liegenden Acht weit um den Körper herum.

Dauer:
3 Minuten

Zusatzinfos:
Die Schüler sollen die Bewegung unbedingt genau in der Mitte der Acht beginnen. Sie gehen mit den Schultern mit und drehen dazu in der Hüfte.

Konzentration abrufen

7

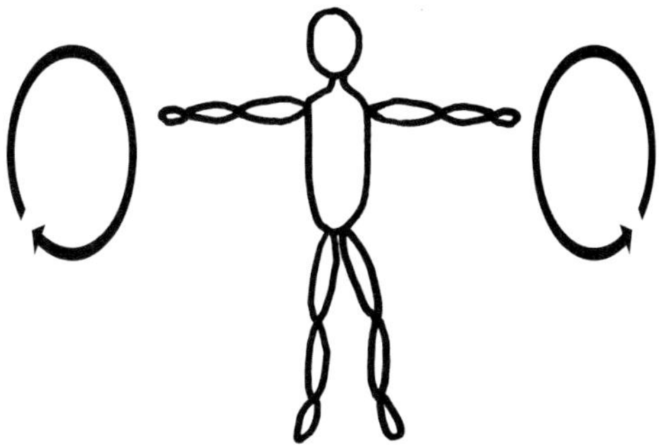

gegengleich!

So geht's:
Die Schüler stehen und strecken die Arme parallel zum Boden zur Seite. Die gestreckten Arme führen eine Kreisbewegung aus.
Beide Kreise beginnen oben, die Arme bewegen sich in entgegengesetzter Richtung. Lassen Sie die Übung langsam ausführen!

Dauer:
3 Minuten

Zusatzinfos:
Die entgegengesetzte Schwungrichtung ist für viele Schüler schwierig. Die Schultern arbeiten dabei kräftig mit.

Konzentration abrufen

8

5 Sekunden 5 Sekunden 10 Sekunden

So geht's:
Die Schüler stehen und konzentrieren sich auf ihre Atmung: Sie (die Lehrkraft) zählen die Sekunden laut mit. Tun Sie das bitte auch dann, wenn Sie im Klassenzimmer eine große Uhr mit Sekundenzeiger haben.
Fünf Sekunden durch die Nase einatmen.
Fünf Sekunden Luft anhalten.
Zehn Sekunden durch den Mund ausatmen.

Dauer:
5-mal

Zusatzinfos:
Wenn Ihre Schüler die Atemtrennung (Brust/Bauch) beherrschen, so lassen Sie die Übung unbedingt mit Bauchatmung durchführen. Beim Ausatmen sind die Lippen fast geschlossen (Atembremse).

Konzentration abrufen

9

So geht's:
Die Schüler sitzen.
Die Augen sind und bleiben bei der Übung fest geschlossen.
Die Pupille geht fünfmal nach rechts und links, fünfmal nach oben und unten, fünfmal im Kreis.
Die Augen öffnen und leicht reiben.

Dauer:
5-mal die gesamte Übung

Zusatzinfos:
Hier geben Sie die Pupillenbewegungen am besten zweimal laut vor (Tempo-Einstimmung). Erst dann sollten die Schüler die Übung allein weitermachen.

Konzentration abrufen

10

Tempo steigern

So geht's:
Die Schüler sitzen.
Die Augen werden in steigendem Tempo geöffnet und wieder geschlossen.

Dauer:
3-mal 30 Sekunden

Zusatzinfos:
Erklären Sie das Ziel der Übung so, dass die Schüler den Effekt eines Stroboskops erleben sollen.

Konzentration abrufen

11

So geht's:
Die Schüler sitzen.
Sie greifen von außen in eine Handfläche.
Mit dem Daumen massieren sie die Handfläche mit gleichmäßigem Druck.
Nach einer Minute die Hand wechseln.

Dauer:
2 Minuten

Zusatzinfos:
Selbstmassage führt zu innerem Abschalten. Dadurch ist hinterher die Konzentrationsfähigkeit besonders hoch.

Konzentration abrufen

12

So geht's:
Die Schüler sitzen.
Sie versuchen, nur mit dem Zeigefinger das Ohrläppchen zu massieren.

Dauer:
1 Minute pro Ohr

Zusatzinfos:
Es können sich Probleme bei der Ausführung ergeben: Fast mit Sicherheit werden einige Schüler den Daumen zu Hilfe nehmen. Unterbinden Sie das, weil das eine grundsätzlich andere Übung wäre. Diese beruhigt dann zwar auch, fördert aber die Konzentration nicht so wie die gezeigte.

Konzentration abrufen

13

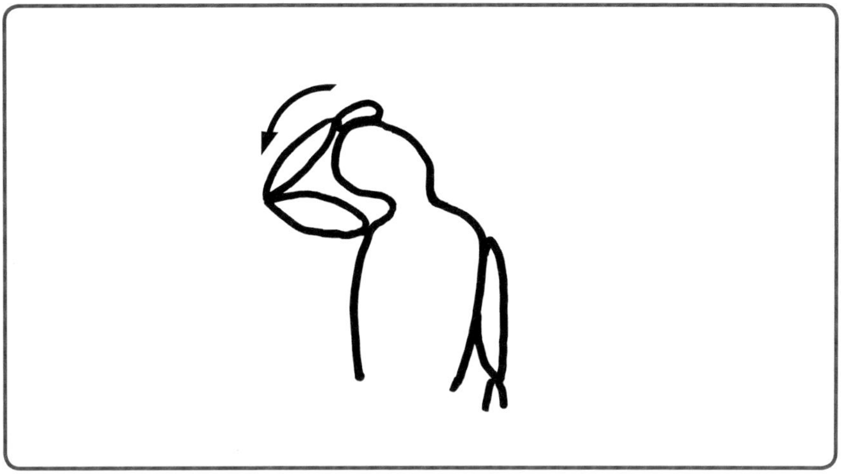

So geht's:
Die Schüler sitzen und legen den Kopf zur Seite.
Nach 15 Sekunden versuchen sie, die Dehnung zu verstärken. Die Hand hilft, indem sie leichten Druck auf den Kopf ausübt, während die Schulter auf der anderen Seite nach unten zieht.

Dauer:
3-mal je Seite

Zusatzinfos:
Stretching entspannt und unterstützt die Konzentration. Machen Sie aber ganz klar: Das darf nie wehtun!

Blockaden abbauen

Blockade – das ist ein sehr vielfältiger Begriff. Hier sind damit definitiv nicht Lernblockaden gemeint. Diese haben sehr vielfältige Ursachen und würden als Thema ein eigenes Buch füllen. Vor allem bedarf es bei solchen Störungen unter Umständen durchaus des fachärztlichen Ratschlags.

Hier ist die (all)gemeine Blockade bei Leistungserhebungen gemeint. Diese ist weit verbreitet und kann von der Grundschule bis zur Universität bei Prüflingen beobachtet werden. Der Schüler „hängt" an einer bestimmten Stelle seines Tests und kommt trotz aller Bemühungen nicht weiter.

Dies kann so weit führen, dass Schweißausbrüche und Angstzustände auftreten. Meist kommt es in diesem Stadium auch zum Händezittern. Das Phänomen ist also durchaus ernst zu nehmen.

Die folgenden Übungen haben alle einen gemeinsamen Zweck: Sie setzen das Gehirn auf Reset, das System kann neu hochfahren. Erklären Sie es Ihren Schülern ruhig auf diese Weise. Sie werden diesen Vergleich wahrscheinlich gut nachvollziehen können.

Damit das Hochfahren des Systems wirklich funktioniert, müssen Sie eine wichtige Anweisung geben: Der Schüler muss die schwierige Stelle im Text markieren und nach dem Reset unbedingt mit einer anderen Aufgabe weitermachen. Sonst hängt er wieder in derselben Denkfalle.

Blockaden abbauen

1

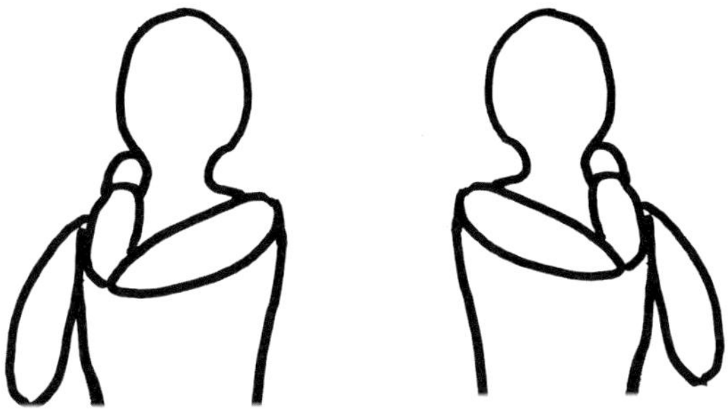

So geht's:
Der Schüler sitzt.
Die Augen sind geschlossen.
Ein Arm greift vor dem Kinn in den Nacken.
20 Sekunden halten, dann wechseln.
Da die Schüler diese Übung bei einer Leistungserhebung selbstständig machen sollen, müssen sie die Sekunden im Kopf mitzählen.

Dauer:
3-mal

Zusatzinfos:
Diese Übung kann man mit allen Schülern vor einer Leistungserhebung machen. Hier geben Sie als Lehrkraft die Zeiträume vor. Einzelne Schüler können sie dann während des Tests durchführen.

Blockaden abbauen

2

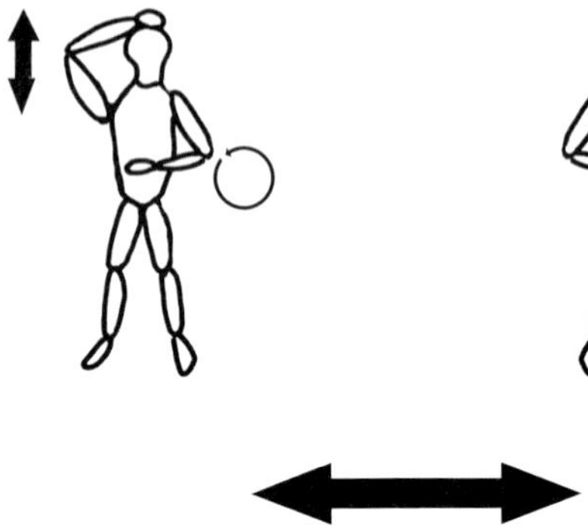

So geht's:
Die Schüler stehen.
Eine Hand klopft leicht auf den Kopf.
Die andere reibt in kleinen Kreisen den Bauch.
Nach 20 Sekunden wird gewechselt.

Dauer:
3-mal die ganze Übung

Zusatzinfos:
Das lässt sich auch im Sitzen durchführen, hat aber im Stehen wesentlich stärkeren Signalcharakter.

Blockaden abbauen

3

Handfläche unten

Handfläche oben

So geht's:
Die Schüler stehen auf der ganzen Fußfläche. Sie strecken die Arme über den Kopf, die Handflächen zeigen nach unten. Dabei gehen sie in den Zehenstand. Nach fünf Sekunden die Hände in den Nacken legen, sich dabei auf die ganze Fußfläche stellen, entspannen. Dann die Arme wieder nach oben strecken, gleichzeitig in den Zehenstand gehen. Dieses Mal zeigen die Handflächen nach oben. Position halten, nach fünf Sekunden die Hände wieder in den Nacken legen und sich hinstellen.

Dauer:
3-mal die ganze Übung

Zusatzinfos:
Vor allem ältere Schüler können dieser Übung eine ausgesprochen meditative Wirkung abgewinnen. Sie können sie auch für den Hausgebrauch empfehlen.

Blockaden abbauen

4

Arme bis zum Vibrieren anspannen.

So geht's:
Die Schüler stehen.
Arme leicht anwinkeln und zu Fäusten ballen.
Beide Arme bis zum Vibrieren anspannen.
Fünfzehn Sekunden halten, dann lösen und ausschütteln.

Dauer:
3-mal

Zusatzinfos:
Achten Sie unbedingt darauf, dass die Daumen außen auf der Faust liegen. Die Schüler können sich sonst ernsthaft verletzen.

Blockaden abbauen

5

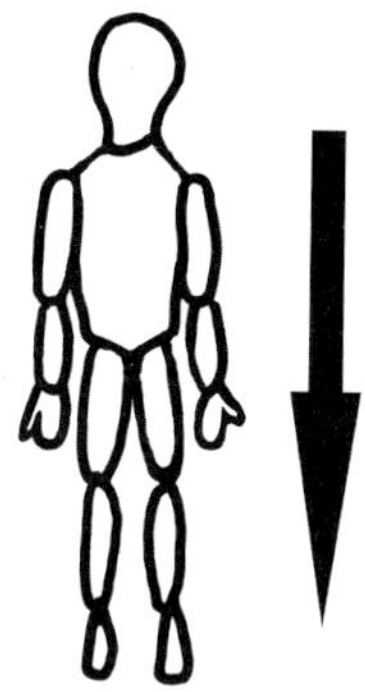

So geht's:
Die Schüler stehen.
Die Beine stehen schulterbreit, die Handflächen nach vorne drehen. Stirn „in den Wind“ halten.
Den Schwerpunkt im Lendenbereich spüren.
30 Sekunden „den Boden fühlen“, dann Arme und Beine ausschütteln.

Dauer:
3-mal

Zusatzinfos:
Diese Übung wird von manchen Psychotherapeuten benutzt, um einem Patienten vor schwierigen Situationen Selbstvertrauen und Ruhe einzuflößen.

Blockaden abbauen

6

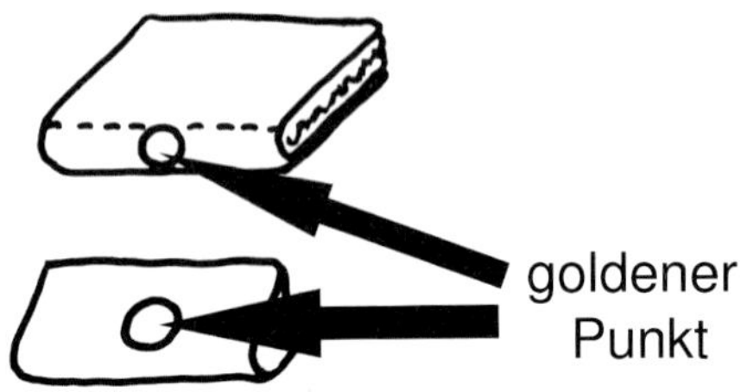

So geht's:
Ein goldener Punkt von circa 2 cm Durchmesser wird auf das Federmäppchen geklebt.
Bei einer Blockade markiert der Schüler die schwierige Stelle im Text.
Er betrachtet intensiv den goldenen Punkt.
Dann macht er mit einer anderen Aufgabe weiter.

Dauer:
circa 1 Minute

Zusatzinfos:
Es empfiehlt sich, für den Punkt einen ruhigen Untergrund ohne wildes Muster zu wählen. Sie können als Alternative auch im Klassenzimmer einen großen Punkt anbringen.

Blockaden abbauen

7

leichter (!) Druck

So geht's:
Der Schüler schließt die Augen.
Mit zwei Fingern massiert er leicht die Schläfen. Dann die beiden Kontaktstellen glatt streiche(l)n.

Dauer:
circa 30 Sekunden

Zusatzinfos:
Die Massagedauer ist individuell sehr verschieden. Aufhören, sobald es anstrengend oder langweilig wird.

Blockaden abbauen

8

So geht's:
Ein Nasenloch mit dem Daumen zuhalten.
Durch die Nase einatmen.
Anderes Nasenloch mit dem Zeigefinger zuhalten.
Durch die Nase ausatmen.

Dauer:
5-mal

Zusatzinfos:
Die Wirkung dieses Blockade-Lösers ist noch stärker, wenn die Schüler dabei die Augen schließen.

Blockaden abbauen

9

So geht's:
Der Schüler legt das Kinn auf die Brust.
Er bewegt es in Richtung Schulter.
Die Position 15 Sekunden halten. Den Kopf in Richtung Schulter weiterbewegen, dann fünf Sekunden halten.
Entspannen, dann das Kinn auf die andere Seite wandern lassen.

Dauer:
je 3-mal

Zusatzinfos:
Es ist wichtig, dass diese Übung schmerzfrei verläuft. Schärfen Sie Ihren Schülern ein, dass sie jedes Mal vor dem „Aua" mit der Bewegung aufhören.

Blockaden abbauen

10

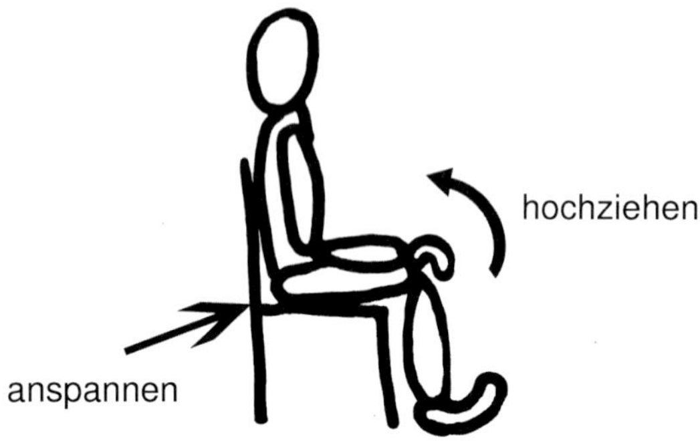

So geht's:
Der Schüler legt die Unterarme auf die Oberschenkel.
Er spannt Gesäßmuskeln und Oberschenkel an. Dann zieht er den Fuß Richtung Gesicht.

Dauer:
Spannung 15 Sekunden halten, dann entspannen

Zusatzinfos:
Eine wirksame und beliebte Übung, weil sie so unauffällig ist. Sie beruhigt und fördert zusätzlich die Konzentration.

Blockaden abbauen

11

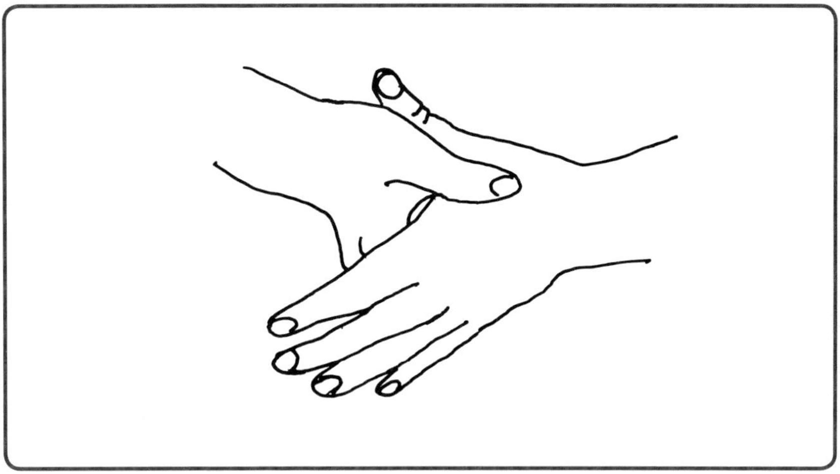

So geht's:
Der Daumen greift von oben in die Mulde des anderen Daumens.
Finger 2, 3 und 4 massieren sanft den Daumenballen.

Dauer:
je Seite circa 20 Sekunden

Zusatzinfos:
Diese Selbstmassage wird für den Büroalltag empfohlen, um Spannungskopfschmerzen zu lindern.

Blockaden abbauen

12

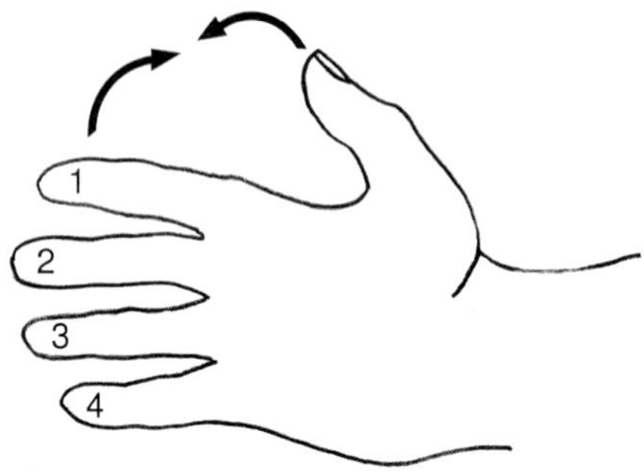

So geht's:
Die Schüler sitzen.
Die Hände liegen auf dem Tisch.
Alle Finger einer Hand berühren der Reihe nach den Daumen. Langsam anfangen, Tempo steigern.

Dauer:
2 Minuten

Zusatzinfos:
Unser Vorschlag: Lassen Sie die Übung erst rechts, dann links, dann mit beiden Händen machen. Zumindest sollten Sie es so mit den Schülern trainieren.

Blockaden abbauen

13

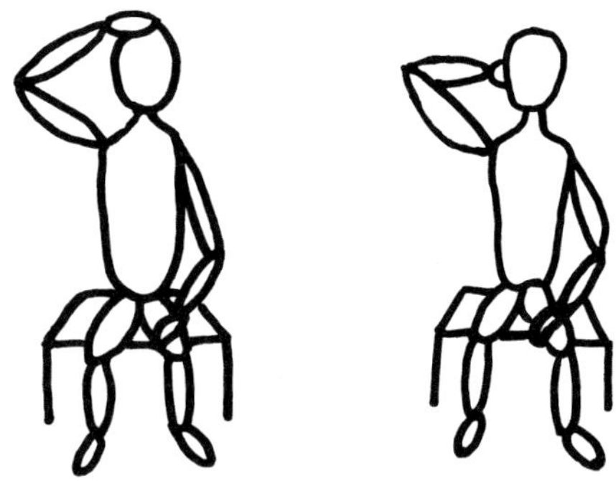

So geht's:
Die Schüler sitzen.
Sie beginnen, mit den Fingern über die Stirn zum Nacken zu wandern.
Dann wechselt die Hand.

Dauer:
circa 15 Sekunden je Seite

Zusatzinfos:
Die Finger sollten eine Art Fischgrätenmuster vollziehen. Mit der Übung erreichen wir gleichzeitig eine Ablenkung und eine stärkere Durchblutung der Kopfhaut.

Stress abbauen am Platz

Wann wird Stress im Klassenzimmer besonders bemerkbar?

Am bekanntesten dürfte die Situation einer unangekündigten Leistungsüberprüfung sein. Der folgende Satz ist bekanntlich durchaus gefürchtet: „Bücher weg, Schreibzeug auf den Tisch, wir schreiben einen Test."

Ähnlich stark wirkt ein überraschender Besuch der Schulleitung, die es sich mit Block und Stift hinten im Klassenzimmer bequem macht. Der Stress tritt in dem Fall meistens auch bei der betroffenen Lehrkraft auf.

Das wirksamste Mittel, um diesen Stress abzubauen, wäre heftige körperliche Aktivität. Im Sport sind hier bewegungsintensive Tätigkeiten wie Fußball ideal: Der Spieler rennt vor seiner eigenen Emotionsflut einfach davon.

Golfspieler, Schützen und Schüler wie Lehrer haben diese Möglichkeit nicht. Wenn also so eine Stresssituation eintritt: Führen Sie mit der ganzen Klasse eine der folgenden Übungen durch.

Als Eröffnungsritual für Leistungsüberprüfungen sind sie ideal. Sie haben auch noch den Vorteil, dass die Schüler dabei ruhig an ihrem Platz bleiben und sich trotzdem entspannen. Und wenn der Chef kommt? Warum eigentlich nicht?

Stress abbauen am Platz

1

Fest zusammenkneifen!

So geht's:
Die Schüler sitzen gerade.
Die Hände liegen auf den Oberschenkeln.
Die Augen sind fest zusammengekniffen.

Dauer:
3-mal 20 Sekunden

Zusatzinfos:
Machen Sie die Schüler darauf aufmerksam, dass die Augen wirklich fest zusammengekniffen und nicht nur einfach geschlossen werden. Effekt: Schwarzes Loch.

Stress abbauen am Platz

2

So geht's:
Die Schüler sitzen aufrecht.
Sie suchen den Kiefergelenkpunkt vor dem Ohr. Das geht leicht: Man legt drei Finger vor dem Ohr auf die Wange und öffnet und schließt den Mund mehrmals. Dabei spürt man den Gelenkpunkt.
Sie massieren diese Stelle mit leichtem Druck.

Dauer:
30 Sekunden

Zusatzinfos:
Der Schüler kann bei der gesamten Übung den Unterkiefer leicht bewegen und dabei ständig in der Gelenkstelle massieren. Diese Erweiterung verstärkt den Stressabbau zusätzlich.

Stress abbauen am Platz

3

So geht's:

Die Schüler sitzen gerade.

Sie berühren mit je vier Fingern die Stirnhöcker, der Daumen steht locker neben der Hand. Sie massieren sie durch eine Kreisbewegung. Für die Dauer der Massage sollte die Bewegung in dieselbe Richtung gehen. Meist empfinden Schüler eine bestimmte Richtung als besonders angenehm.

Dauer:

30 Sekunden

Zusatzinfos:

Diese Übung kann mit offenen oder mit geschlossenen Augen durchgeführt werden. Was als angenehmer empfunden wird, ist individuell unterschiedlich.

Stress abbauen am Platz

4

So geht's:
Die Schüler sitzen und halten eine Hand vor das Gesicht.
Sie atmen durch die Nase ein, dann hauchen sie in die Hand hinein. Dabei verändert sich die Position der Hand nicht.

Dauer:
bis sich die Handfläche warm anfühlt

Zusatzinfos:
Wichtig ist hier ein sanftes Ausatmen durch den Mund (= Hauchen), sonst tritt der Wärme-Effekt nicht ein.

Stress abbauen am Platz

5

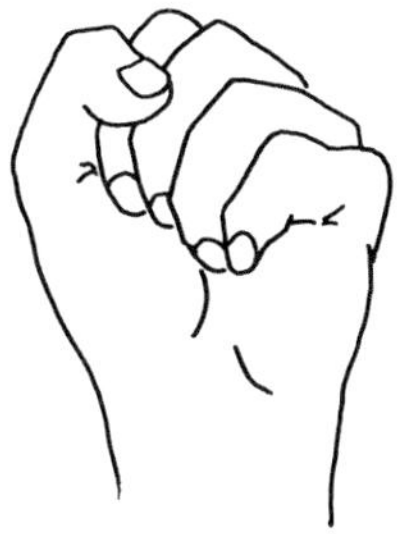

15 Sekunden

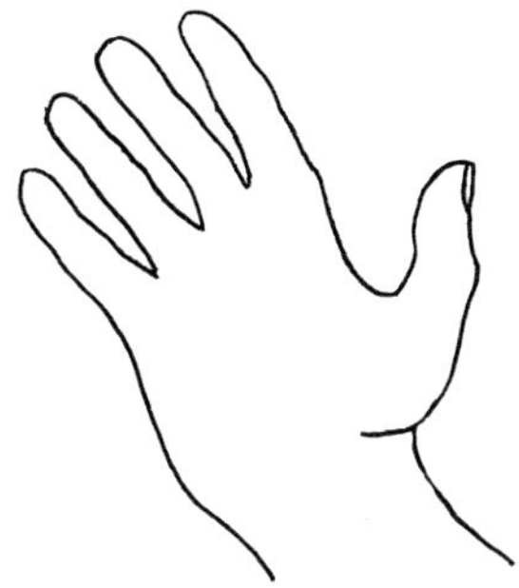

15 Sekunden

So geht's:

Die Schüler sitzen am Platz.
Sie ballen eine Hand zur Faust. 15 Sekunden halten.
Dann spreizen sie diese Hand 15 Sekunden lang. Ausschütteln.

Dauer:

je 1-mal pro Hand

Zusatzinfos:

Achten Sie unbedingt darauf, dass der Daumen außen an der Hand liegt, bei der weichen Haut vieler Schüler kann es sonst zu Verletzungen kommen. Die Streckung der offenen Hand sollte nicht schmerzhaft sein. (Vorsicht vor Übertreibung!)

Stress abbauen am Platz

6

So geht's:
Die Schüler sitzen aufrecht.
Sie schieben die Lippen rüsselartig vor. Durch die Nase einatmen, langsam durch den Rüssel wieder ausatmen.

Dauer:
10-mal

Zusatzinfos:
Achtung: Bei einem richtigen „Rüssel" spürt der Schüler keinerlei Atemwiderstand. Da ist langsames Ausatmen durchaus schwierig.

Stress abbauen am Platz

7

10–20 Sekunden

So geht's:
Die Schüler sitzen gerade.
Sie beißen auf einen (langen) Bleistift. (Nur so fest, dass man keine Bissspuren sieht.)
Dazu sollen sie breit grinsen.

Dauer:
circa 20 Sekunden

Zusatzinfos:
Die Augen suchen bei dieser Übung bald einen Haltepunkt. Dies verstärkt den Effekt, wenn es nicht ein Mitschüler ist. Geben Sie also ein paar mögliche Punkte im Klassenzimmer als verbindlich an.

Stress abbauen am Platz

8

So geht's:
Die Schüler sitzen aufrecht.
Der kleine Finger der einen Hand berührt die Lippen. (Es muss nicht der kleine Finger sein. Spontan würden viele Schüler den Ringfinger oder den Zeigefinger nehmen. Den kleinen Finger zu nehmen, ist aber eine bewusste Handlung, wodurch der Stressabbau gefördert wird.)
Er fährt langsam 3-mal alle Ränder nach.
Dann die Hand wechseln.

Dauer:
1 Minute

Zusatzinfos:
In der Bundesliga beim Luftgewehrschießen machen die Schützen genau das, um Spannungen abzubauen.

Stress abbauen am Platz

9

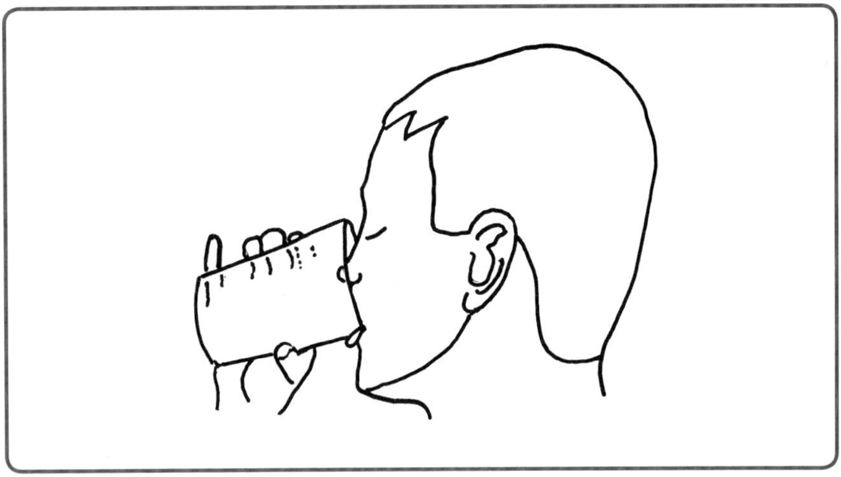

So geht's:
Die Schüler sitzen.
Sie trinken langsam in sehr kleinen Schlucken. Es muss nicht ausgetrunken werden. Die Schüler sollten allerdings dazwischen das Glas nicht absetzen, sondern sich auf gleichmäßige kleine Schlucke konzentrieren.

Dauer:
30 bis 60 Sekunden

Zusatzinfos:
Wenn möglich, sollen die Schüler unbedingt einen Becher oder ein Glas benutzen. Wirklich nur ganz kleine Schlucke nehmen.

Stress abbauen am Platz

10

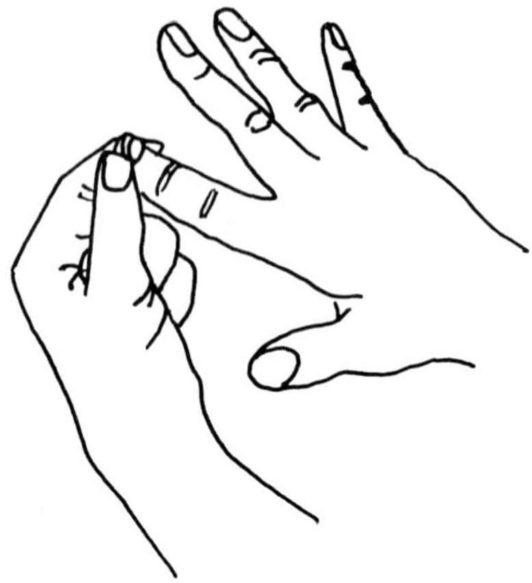

So geht's:
Die Schüler massieren mit zwei Fingern den Nagelrand des Zeigefingers. Sie zählen langsam bis 15.
Dann wechseln sie die Hand.
(Diese Übung ähnelt ein wenig der Übung „Blockade abbauen 11". Sie hat aber eine etwas andere Wirkung. Das ist vergleichbar mit den unterschiedlichen Punkten bei Akupunktur und Akupressur.)

Dauer:
circa 40 Sekunden

Zusatzinfos:
Bei sehr starkem Stressempfinden sollten die Schüler zum Massieren einmal den Zeigefinger und dann den Mittelfinger benutzen (jeweils mit Daumen).

Stress abbauen am Platz

11

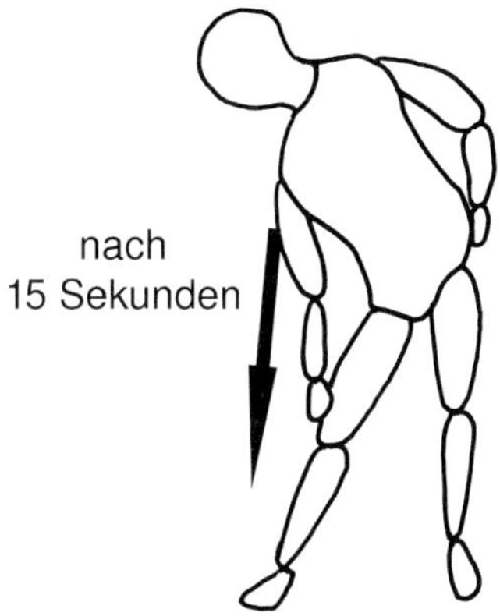

So geht's:
Die Schüler stehen, die Füße etwas mehr als schulterbreit auseinander.
Die Hand fährt vom Oberschenkel bis über das Knie, der Oberkörper neigt sich zur Seite. Position halten.
Nach 15 Sekunden weiterfahren. Bei der Gelenkigkeit mancher Schüler kann das durchaus bis zum Knöchel gehen.
Dann die Seite wechseln.

Dauer:
circa 2 Minuten

Zusatzinfos:
Achten Sie darauf, dass die Schultern parallel zu den Hüften bleiben. Kein Drehen in der Hüfte! Vermutlich sind die Schüler überrascht, dass das unter Umständen nicht auf beiden Seiten gleich gut geht.

Stress abbauen am Platz

12

So geht's:

Die Schüler stehen auf einem Bein.
Sie legen die Hände über dem Kopf aneinander.
In den Zehenstand gehen, dabei die Arme nach oben strecken.
Den Fuß senken, Arme in einem Bogen gestreckt nach unten führen.

Dauer:

3-mal pro Seite

Zusatzinfos:

Das ist schwierig! Schüler, die sofort ins Wanken kommen, machen die Übung auf beiden Beinen.

Stress abbauen am Platz

13

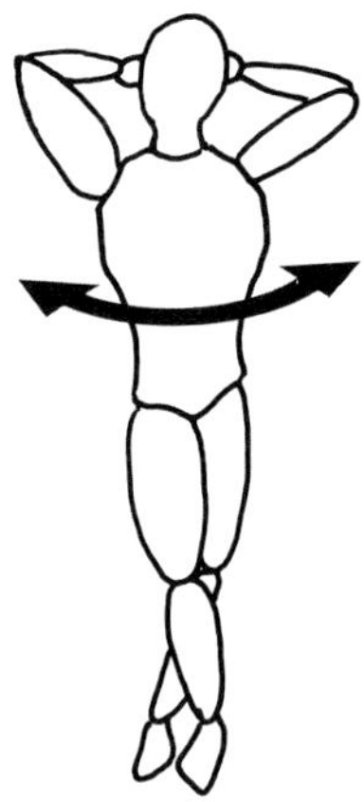

So geht's:

Die Schüler stehen.
Ein Bein steht vor dem anderen.
Die Hände sind hinter dem Kopf verschränkt.
Die Schüler drehen sich abwechselnd zur Seite, soweit es geht.

Dauer:

circa 3 Minuten

Zusatzinfos:

Einfach und ruhig, sehr entspannend. Es wird sehr unterschiedlich sein, wie weit sich die einzelnen Schüler drehen können.

Lockerung bei Doppelstunden

Doppelstunden sind Segen und Fluch zugleich. Es gibt Unterrichtsfächer, bei denen sie praktisch unabdingbar sind. Neben Sport und Kunst gehört sicherlich auch Deutsch dazu. Für bestimmte Unterrichtssequenzen sind 45 Minuten einfach zu wenig.

Wir haben aber vor allem an weiterführenden Schulen die Situation, dass die Schüler weitgehend an den Rhythmus der Einzelstunde gewöhnt sind. Beim Stundenwechsel verlassen sie den Platz und schalten unterrichtstechnisch weitgehend ab.

Nun müssen keineswegs extreme Umstände wie diese vorherrschen: Freitag, 32° C im Freien, strahlend blauer Himmel, ca. 11 Uhr vormittags, Doppelstunde Deutsch oder Englisch.

Hier bricht auch der gutwillige Schüler spätestens nach 50 bis 60 Minuten geistig einfach weg. Er kann nicht mehr.

Genau zu diesem Zeitpunkt – auch bei eigentlich günstigen Umständen – empfehlen sich Lockerungsübungen für die ganze Klasse. Glauben Sie mir: Diese fünf Minuten tragen mehr als reichlich Zinsen. Hinterher noch ein Schluck Wasser oder Apfelschorle (bitte nicht Cola, Red Bull oder dergleichen), dann kann ein erfolgreicher Unterricht weitergehen.

Lockerung bei Doppelstunden

1

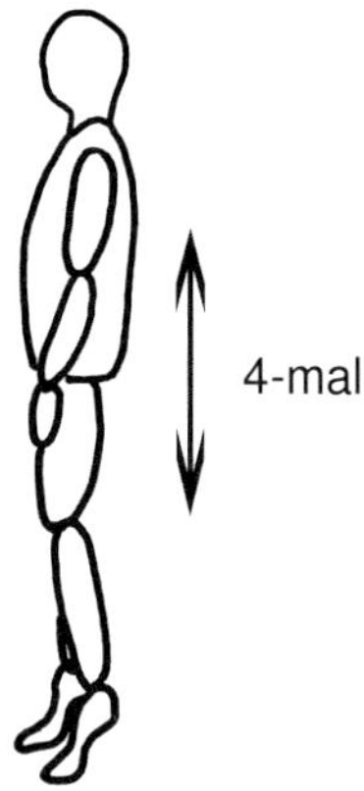

So geht's:
Die Schüler stehen.
Sie gehen in den Zehenstand.
Nach je 5, 10, 15 und 20 Sekunden wieder absenken.
Nach den 20 Sekunden die Beine ausschütteln und die Übung wiederholen.

Dauer:
4 bis 5 Minuten

Zusatzinfos:
Wundern Sie sich nicht: Bei der 20-Sekunden-Phase wird wohl der eine oder andere Schüler schwer mit dem Gleichgewicht zu kämpfen haben.

Lockerung bei Doppelstunden

2

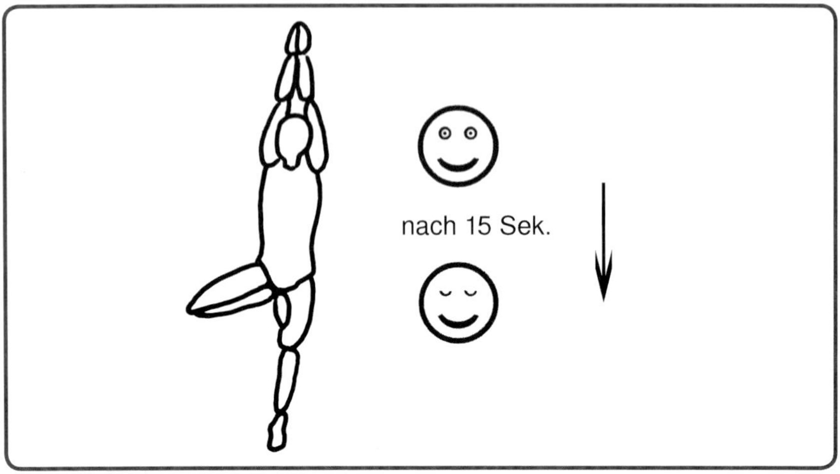

So geht's:

Die Schüler stehen.
Sie legen die Hände zusammen und strecken die Arme über den Kopf. Dann heben sie ein Bein und winkeln es an. (Nur Gleichgewichtsperfektionisten schaffen das im Zehenstand, wie auf dem Bild gezeigt. Meistens ist die Übung nur durchführbar, wenn die Fußsohle den Boden vollständig berührt.)
Nach 15 Sekunden schließen sie die Augen und versuchen, weitere 20–25 Sekunden stehen zu bleiben.
Ausschütteln, auf dem anderen Bein wiederholen.

Dauer:

3-mal circa 40 Sekunden

Zusatzinfos:

Wer das Gleichgewicht nur schwer halten kann, soll die Augen wieder öffnen und einen festen Punkt fixieren.

Lockerung bei Doppelstunden

3

So geht's:
Die Schüler stehen.
Sie laufen auf der Stelle.
Gleichzeitig mit dem rechten Arm schwingt das linke Bein hoch und umgekehrt.

Dauer:
circa 3 Minuten

Zusatzinfos:
Lieber langsam laufen und die Hand dabei jeweils bis zum Hals führen. Wie beim Nordic Walking die Schultern bei der Bewegung deutlich mitnehmen.

Lockerung bei Doppelstunden

4

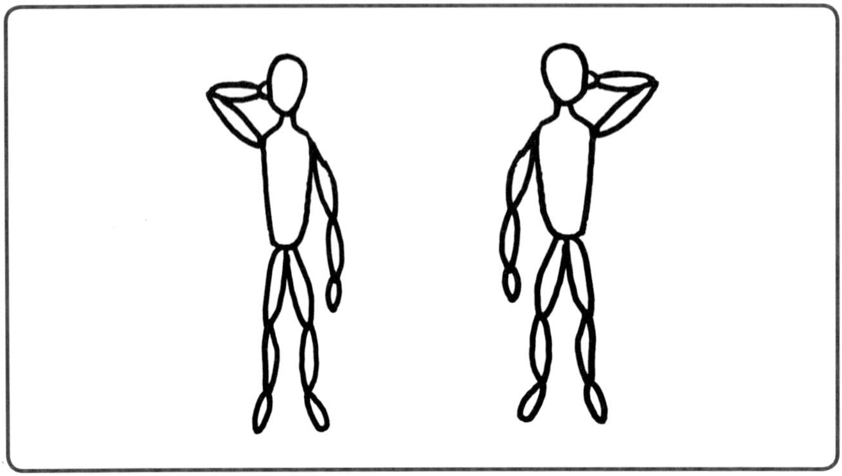

So geht's:
Jeweils zwei Schüler arbeiten zusammen: Die Schüler stehen einander gegenüber und sehen sich an. (Auf der Illustration sind die Körper etwas gedreht, um die „Spiegelhaltung" deutlicher zu machen.)
Partner A macht Bewegungen vor.
Partner B spiegelt diese.
Nach 30 Sekunden wird gewechselt.

Dauer:
3 Minuten

Zusatzinfos:
Zu einfach? Dann lassen Sie den „Vormacher" jeweils eine Zahl nennen. Bei geraden Zahlen soll die Bewegung gespiegelt werden, bei ungeraden Zahlen wird sie seitenrichtig nachgemacht.

Lockerung bei Doppelstunden

5

So geht's:
Die Schüler stehen, Füße mehr als hüftbreit auseinander, Hände an die Hüften, Oberkörper gerade.
Sie gehen in die Hocke, beugen ein Knie und spreizen das andere Bein ab.
Dann drücken sie sich nach oben und spreizen das andere Bein ab.

Dauer:
3 Minuten

Zusatzinfos:
Für sportliche Schüler: Gespreiztes Bein im Sprung wechseln, ohne Zwischenhalt.

Lockerung bei Doppelstunden

6

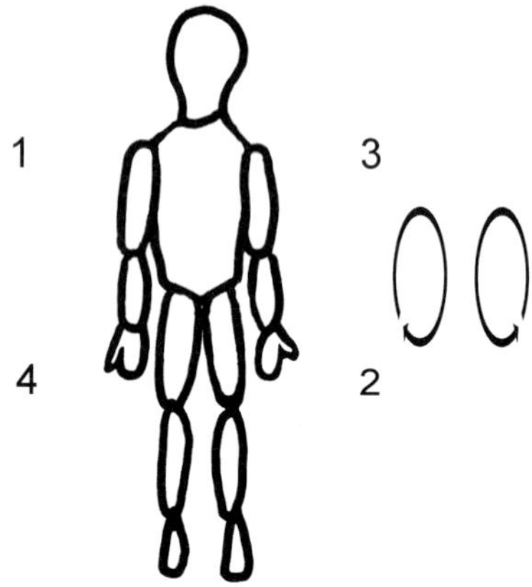

So geht's:
Die Schüler stehen.
Sie schütteln Arme und Beine nacheinander aus: Erst linker Arm, dann rechtes Bein, rechter Arm und linkes Bein.
Dann wiederholen sie den Vorgang in umgekehrter Reihenfolge.

Dauer:
je 2 Minuten

Zusatzinfos:
Sie können Armen und Beinen auch Bezeichnungen geben, z. B. „Rot", „Gelb" usw. Die Schüler schütteln den jeweiligen Körperteil auf Zuruf aus.

Lockerung bei Doppelstunden

7

So geht's:
Die Schüler knien wie beim Sprintstart.
Auf Zuruf heben sie den Arm auf der Seite des gestreckten Beins.
Dann wird gewechselt: Das andere Bein wird nach hinten gestreckt und der andere Arm wird gehoben.

Dauer:
je 4 Minuten

Zusatzinfos:
Der Kopf geht mit! Sie können die Übung auch aus der Hocke starten. Dann werden auf Zuruf „rechts/links“ Arm und Bein gleichzeitig gestreckt und der Kopf gedreht.

Lockerung bei Doppelstunden

8

So geht's:
Die Schüler stehen, die Hände werden in die Hüften gelegt.
Sie stellen ein Bein vor das andere.
Dieses Bein schwingt nach außen und geht zurück. Die Weite des Schwungs ist Gefühlssache, das Schwungbein sollte aber auf keinen Fall höher als bis zur Waagerechten gehen. Regelmäßig die Seite wechseln.

Dauer:
4 Minuten

Zusatzinfos:
Haben Sie eine CD mit klaren Rhythmen? Dann lassen Sie die Schüler zur Musik schwingen. Das lockert noch stärker und erhöht den Spaßfaktor.

Lockerung bei Doppelstunden

9

So geht's:
Die Schüler knien im Sprintstart.
Sie recken sich aus dieser Haltung hoch und strecken die Arme über den Kopf.
Position kurz halten, dann zurücksinken.
Beinwechsel.

Dauer:
je 3 Minuten

Zusatzinfos:
Besonders hoch strecken sich die Schüler, wenn sie einen imaginären Gegenstand aus der Luft greifen sollen. „Holt euch die Sterne vom Himmel!"

Lockerung bei Doppelstunden

10

So geht's:
Die Schüler knien im Sprintstart.
Sie richten sich auf, halten den Oberkörper gerade und strecken die Arme zu den Seiten aus.
Sie drehen sich ab der Hüfte hin und her, und zwar so weit, wie es geht.

Dauer:
3-mal 30 Sekunden pro Seite

Zusatzinfos:
Man kann am Endpunkt 15 Sekunden halten und dann noch etwas weiterdrehen. Dies ist auch eine sehr gute Lockerungsübung für Golfer.

Lockerung bei Doppelstunden

11

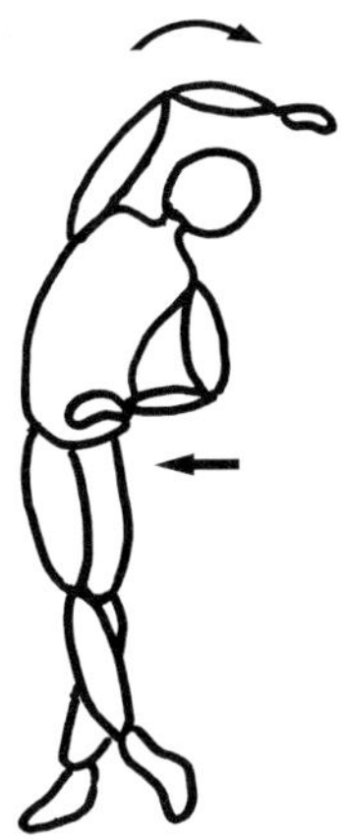

So geht's:
Die Schüler stehen.
Ein Bein steht vor dem anderen.
Die Hand auf der Seite des hinteren Beins wird in die Hüfte gelegt.
Der Oberkörper neigt sich zur Seite, während der andere Arm in einem Bogen über den Kopf geführt wird.
Nachfedern und dann die Seite wechseln.

Dauer:
je 3-mal pro Seite

Zusatzinfos:
Diese Übung fördert gleichzeitig die Geschmeidigkeit und den Gleichgewichtssinn.

Lockerung bei Doppelstunden

12

So geht's:
Die Schüler stehen.
Den Zahlen von 1 bis 4 wird jeweils eine Bewegung zugeordnet: 1 = rechte Hand ans linke Knie, linker Arm hängt; 2 = linke Hand ans linke Knie, rechte Hand auf den Kopf; 3 = linke Hand ans rechte Knie, rechter Arm hängt; 4 = rechte Hand ans rechte Knie, linke Hand auf den Kopf.
Die Lehrkraft zählt laut vor und die Schüler führen die entsprechende Bewegung aus.

Dauer:
3 Minuten

Zusatzinfos:
Einfach, entspannend, schmucklos. Aber: Zählen Sie mal mit wechselnder Geschwindigkeit!

Subjektive Überforderung – Entspannung

Eine Überforderung des Schülers tritt normalerweise ein, wenn dieser dem Unterricht wirklich folgen will – dies aber nicht schafft. Das kann objektiv so sein, liegt aber häufig an der eigenen Erwartungshaltung: „Das begreife ich einfach nicht!"

Als Reaktion auf diese Überforderung sind grundsätzlich zwei verschiedene Reaktionen denkbar: Eine besteht aus Verweigerung der Mitarbeit aus Hilflosigkeit.

Der andere Weg besteht darin, sich einfach eine Zeit lang anderweitig zu beschäftigen. Dies muss keine offensichtliche Unterrichtsstörung sein, in die weitere Schüler mit einbezogen werden. Der Schüler kann sich (zunächst zumindest) einfach zurückziehen.

Dann beginnt die Demontage eines Kugelschreibers oder das Falten von Papierfliegern. Auch das Türmchenbauen aus Finelinern oder kunstvolle Konstruktionen mit Geodreieck und Kugelschreibern sind sehr beliebt.

Damit kann die Grundlage für eine weiterführende Unterrichtsstörung gegeben sein. Wenn nämlich andere Schüler dies beobachten, so lässt die allgemeine Aufmerksamkeit schnell nach.

Versuchen Sie also, Ihren Schülern die folgenden Übungen als „erlaubten Fluchtweg" anzubieten und mit ihnen einzuüben. Als Lehrer, jawohl.

Subjektive Überforderung – Entspannung

1

So geht's:
Gesicht mit den Händen abdecken.
Wilde Grimassen schneiden.

Dauer:
30 Sekunden bis 1 Minute

Zusatzinfos:
Wilde Grimassen helfen. Der Schüler sollte sie aber hinter seinen Händen verbergen, um die anderen nicht abzulenken.

Subjektive Überforderung – Entspannung

2

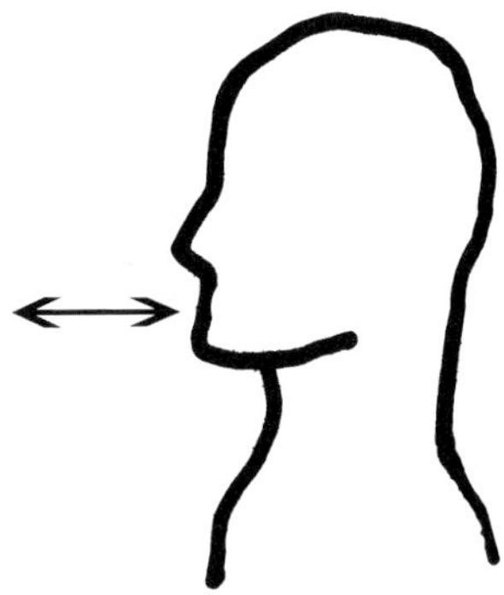

So geht's:
Der Schüler blickt auf eine (Armband-)Uhr.
Dabei atmet er sehr gleichmäßig – fünf Sekunden ein, fünf Sekunden aus.

Dauer:
2 Minuten

Zusatzinfos:
Hier kommt es auf die Stabilisierung des Atemtempos an. Darum sollte eine Klassenzimmeruhr immer einen Sekundenzeiger haben.

Subjektive Überforderung – Entspannung

3

So geht's:
Eine Hand greift an den Oberarm.
Beim Einatmen den Muskel anspannen.
Beim Ausatmen den Muskel entspannen.

Dauer:
2-mal 1 Minute

Zusatzinfos:
Die Hand am Oberarm sollte mit leichtem Druck anliegen und die Muskeln bei An- und Entspannung fühlen.

Subjektive Überforderung – Entspannung

4

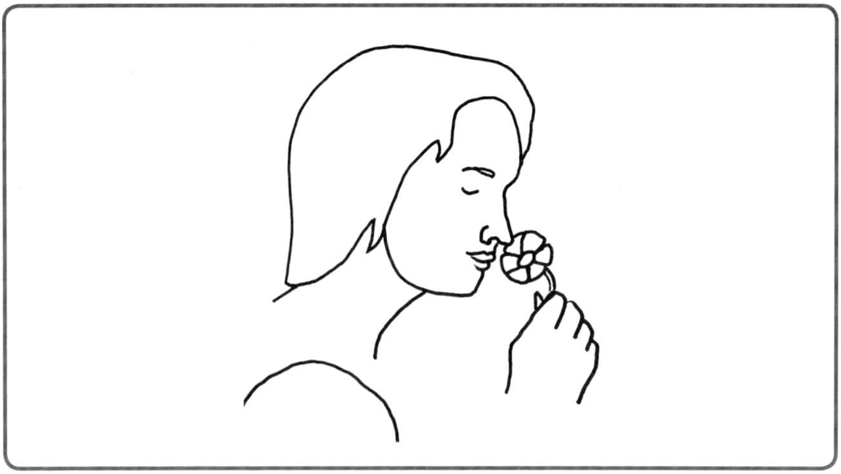

So geht's:
Augen schließen.
Der Schüler atmet tief und stellt sich vor, er würde einen besonders schönen Duft riechen.
Die Lungen „vollschnuppern".
Dann langsam ausatmen.

Dauer:
3-mal

Zusatzinfos:
Der Gedanke an einen angenehmen Duft lenkt ab und hilft so, mit dem Gefühl der Überforderung zurechtzukommen.

Subjektive Überforderung – Entspannung

5

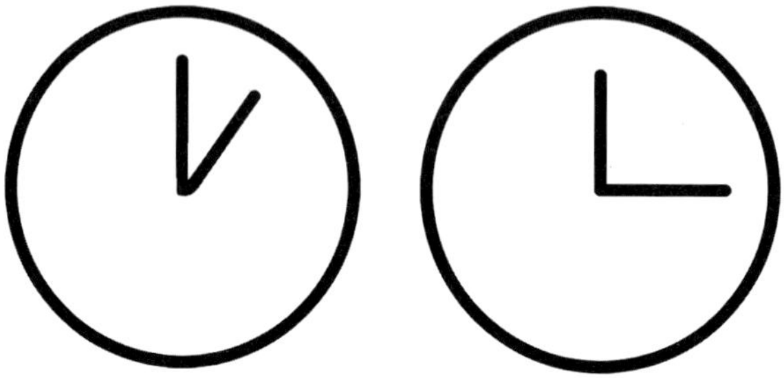

So geht's:
Den Blick auf eine Uhr richten oder innerlich Sekunden zählen.
Dabei langsam einatmen.
Doppelt so lang ausatmen.

Dauer:
5- bis 10-mal

Zusatzinfos:
Die nötige Zahl der Wiederholungen ist sehr subjektiv. Erproben Sie es selbst!

Subjektive Überforderung – Entspannung

6

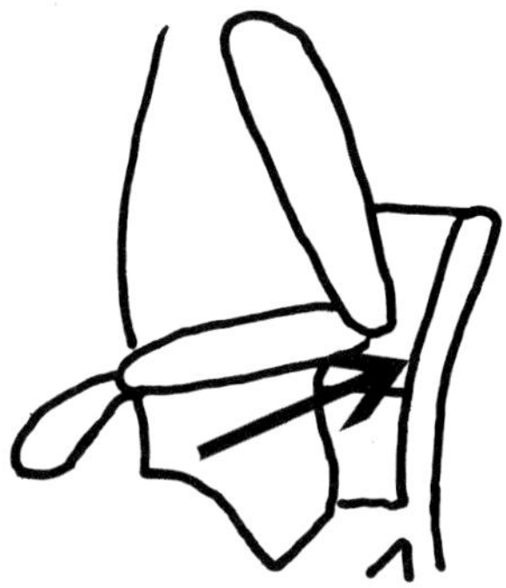

So geht's:
Einen Ellbogen gegen die Rückenlehne des Stuhls pressen.
Position 15 Sekunden halten.
Arm bewegen und entspannen.
Seite wechseln.

Dauer:
je 2-mal

Zusatzinfos:
Der Schüler sollte sich darauf konzentrieren, wie sich der Arm beim Drücken und beim Entspannen anfühlt.

Subjektive Überforderung – Entspannung

7

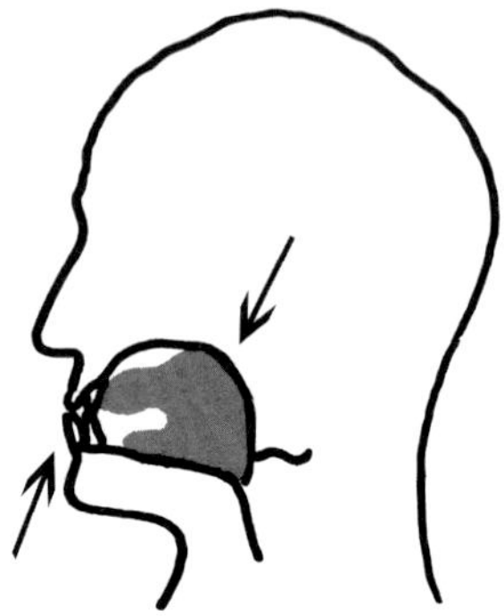

So geht's:
Durch die Nase atmen.
Zungenspitze von hinten an die Schneidezähne drücken.
Zungenrücken gegen den Gaumen drücken, circa 15 Sekunden halten, entspannen.

Dauer:
3-mal

Zusatzinfos:
Diese Übung hat den Vorteil, dass sie äußerst unauffällig durchgeführt werden kann. Für manche Schüler ist dies die Bedingung, dass sie es überhaupt versuchen.

Subjektive Überforderung – Entspannung

8

So geht's:
Die beiden Zeigefinger bilden eine Linie.
Der Schüler zielt damit auf einen festen Punkt.
Fixierung circa 15 Sekunden halten.

Dauer:
2- bis 3-mal auf verschiedenen Punkten

Zusatzinfos:
Hier müssen die Schüler ausprobieren, ob sie mit beiden Augen oder mit einem zielen. Meistens müssen die Schüler ein Auge zukneifen.

Subjektive Überforderung – Entspannung

9

So geht's:
Die Hände hinter dem Kopf verschränken.
Hände und Kopf gegeneinander drücken.
Im Zentimeterbereich nachgeben (vor und zurück).

Dauer:
circa 1 Minute

Zusatzinfos:
Sieht superlässig aus. Sie erkennen am Gesichtsausdruck, ob der Schüler die Übung wirklich ernsthaft macht. Wenn er dabei schnell wechselnd auf andere Schüler schaut, fehlt der Ernst. Sagen Sie ihm das bitte auch.

Subjektive Überforderung – Entspannung

10

So geht's:
Arm quer über die Brust strecken.
Mit der anderen Hand den Oberarm gegen die Brust drücken.
Nach 15 Sekunden den Druck verstärken.

Dauer:
je Seite 1-mal

Zusatzinfos:
Diese Übung gelingt recht leicht, wenn die Schulter dabei etwas (oder mehr) nach innen gezogen wird.

Subjektive Überforderung – Entspannung

11

So geht's:
Der Schüler sitzt.
Er schließt während der Übung die Augen, legt die Hände auf den Tisch und konzentriert sich darauf, langsam und gleichmäßig zu atmen. Dabei sagt er sich innerlich Folgendes vor: Beim Einatmen: „Eines nach dem anderen." Beim Ausatmen: „So schaffe ich das."

Dauer:
circa 10-mal

Zusatzinfos:
Diese Übung ähnelt einem Mantra. Sie beruhigt und verleiht wieder Sicherheit.

Freies Sprechen vor der Klasse

Bereits in der Grundschule wird das Sprechen vor der Gruppe geübt. Dort ist es meist unproblematisch, weil die Schüler weitgehend unbeschwert an ihre Aufgabe gehen.

Je höher die Klassenstufe wird, desto mehr kann die Situation für den Referenten zur Belastung werden. Hier spielt natürlich die Erwartungshaltung der Schüler gegenüber der eigenen Leistung eine große Rolle – die Ansprüche werden höher. Bei Asperger-Autisten hat das schon zu der Situation geführt, dass die verständnisvolle Lehrkraft den Schüler sein Referat im leeren Klassenzimmer, also ohne Mitschüler, halten ließ. (Die Note erhielt Abstriche, war aber immer noch ordentlich.)

Wie man sich auf ein Referat vorbereitet, welche Memoriertechniken verwendet werden können, wie man PowerPoint als Spickzettel verwenden kann – das übt wohl jede Lehrerin und jeder Lehrer ausführlich mit den Schülern ein.

Hier geht es auch nicht um die häusliche Vorbereitung. Gegenstand dieses Kapitels ist die unmittelbare mentale Einstellung vor dem Auftritt des Referenten.

Die folgenden Übungen können still durchgeführt werden und lenken meist die Aufmerksamkeit der Klasse nicht ab. Sagen Sie dem vortragenden Schüler, dass er jetzt noch fünf Minuten Zeit hat. Oder – wenn er Material aufbauen muss – geben Sie ihm danach noch diese paar Augenblicke.

Freies Sprechen vor der Klasse

1

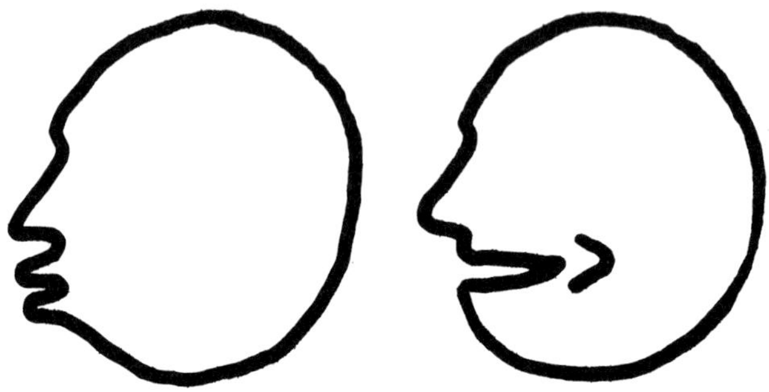

Spitzmaulfrosch Breitmaulfrosch

So geht's:
Der Schüler sitzt.
Am besten legt er für diese Übung die Hände vors Gesicht.
Er schiebt die geschlossenen Lippen ganz weit vor.
Dann zieht er sie weit zurück.

Dauer:
30 Sekunden im Wechsel

Zusatzinfos:
Ziemlich sicher wird der Schüler sich danach die Lippen lecken. Er sollte auch mit Daumen und Zeigefinger die Mundwinkel auswischen.

Freies Sprechen vor der Klasse

2

ma - me - mi mo - mu

da - de - di do - du

So geht's:
Der Schüler spricht die Vokale mit verschiedenen Konsonanten davor. Dies kann lautlos oder mit Stimme erfolgen.

Dauer:
1 Minute

Zusatzinfos:
Insbesondere zurückhaltende Schüler beginnen danach viel leichter mit dem Sprechen.

Freies Sprechen vor der Klasse

3

So geht's:
Der Schüler sitzt am Platz.
Er reibt seinen Bauch in kleinen Kreisen.
Dazu spricht er (innerlich):
„Ich bin vorbereitet und es wird schon gut werden."

Dauer:
1 Minute

Zusatzinfos:
Innere Beruhigung durch erhöhte Körperwärme und autosuggestive Verstärkung. Das ist das Ziel dieser Übung.

Freies Sprechen vor der Klasse

4

Die helfen mit!

So geht's:
Der Schüler sitzt am Platz.
Er sucht sich fünf Mitschüler aus, denen er vertraut. Beim Beginn seines Referats nimmt er zuerst Augenkontakt zu diesen auf. Er kann dies vorher mit den Betreffenden besprechen, es ist aber nicht nötig.

Dauer:
30 Sekunden

Zusatzinfos:
Wenn ein Mitschüler versucht, den Referenten aus dem Konzept zu bringen, so ist das gemein. Es kommt aber vor. So kann man der Situation vorbeugen.

Freies Sprechen vor der Klasse

5

So geht's:
Erster Durchgang beim Sitzen. Zweiter Durchgang beim Vorgehen.
Der Schüler füllt seine Lungen durch Schnüffeln, also in kleinen Portionen durch die Nase einatmen. Dabei reibt er unauffällig den Bauch.

Dauer:
2-mal maximal 10 Sekunden

Zusatzinfos:
Das liest sich schwieriger, als es ist. Die Schüler müssen aber mehrmals üben, diese beiden Handlungen gleichzeitig auszuführen.

Lesenswerte Bücher zu den Einzelthemen und für den Hintergrund:

Bender, Claudia und Draksal, Michael: Das Lexikon der Mentaltechniken. Die besten Methoden von A bis Z. Leipzig: Draksal-Fachverlag 2009.

Draganski, Bogdan, Gaser, Christian, Busch, Volker, Schuierer, Gerhard, Bogdahn, Ulrich, May, Arne: Neuroplasticity: Changes in grey matter induced by training. In: Nature 427, Number 6972 (2004) S. 311–312.

Engel, Siegbert: Tai Chi für Einsteiger: Mit Vorübungen, die das Training erleichtern. München: BLV-Verlag 2006.

Koneberg, Ludwig und Förder, Gabriele: Kinesiologie für Kinder. Wie Sie Lernblockaden abbauen. München: Gräfe und Unzer Verlag GmbH 2015.

Lutz, Horst: Life Kinetik®. Gehirntraining durch Bewegung, München: BLV-Verlag 2008.

Neureuther, Felix und Lutz, Horst: Mein Training mit Life Kinetik: Gehirn + Bewegung = mehr Leistung. München: Nymphenburger Verlag 2009.

Rademacher, Walter: Shiatsu in der Praxis. München, Jena: Urban & Fischer 2008.

Reinkemeier, Heinz und Bühlmann, Gaby: Die Psyche des Schusses. Ein Lehr- und Übungsbuch zur Psychologie des Wettkampfes. Dortmund: MEC 2005.

Weizhong, Sun: Das große Qi Gong Basisbuch. Erleben Sie die Kraft sanfter Bewegungen. Stuttgart: Trias-Verlag 2012.